재무행정
FINANCE
ADMINISTRATION

서상원 교수의 행정학 시리즈 ④

재무행정

서상원 지음

FINANCE ADMINISTRATION

이담 Books

서 언

　어떤 조직이든 조직이 추구하는 목표가 있다. 이 목표를 달성하기 위해서는 조직목표 달성에 필요한 인력, 자원 등이 필요하다. 아무리 좋은 인재와 계획, 제도 등이 형성되었다 하더라도 물적 자원이 확보되지 않는다면 아무런 소용이 없다. 자원이란 항상 부족하게 마련이다. 자원이 풍부하다면 자원을 관리할 필요가 없기 때문이다. 즉 희소성이 없다면 재무관리, 재무행정 자체가 의미가 없을 것이다. 따라서 자원부족의 제약하에 조직이 추구하는 목적을 달성하기 위해 자원의 희소성을 극복하고 조직의 목표를 효율적으로 달성하기 위한 제도들이 꾸준히 마련되고 변천해 왔다. 그것이 예산제도의 변천이며, 시대 상황마다 그 예산제도는 개혁을 추구하여 왔다.

　국가의 예산은 국민들로부터 나오기 때문에 더욱 중요하고 책임성이 강화될 수밖에 없다. 세금이란 재원은 국가에 내야 하는 당연한 의무였고 강제성이 강한 재원이지만 오늘날 시민사회의 역할 증대와 함께 정부가 운영하는 국가예산에 대해 국민(시민) 참여의 욕구가 증대되면서 지방자치단체별로 예산편성과정에 시민들의 참여제도가 활발히 마련되고 자리 잡아 가고 있다. 과거에는 입법부에 의존한 행정부의 통제시스템에서 이제는 시민들이 직접 참여하는 예산제도의 확대가 활발히 진행되고 있다.

　더군다나 1980년대 자원난의 위기로 작은 정부의 추구는 국가의 재무축소와 직결되므로 재무운영상의 성과관리가 중요시되었다. 즉 생산성, 효율성이 강조되는 운영체제에서 재무의 효율적 운영과 성과에 대한 국가의 책임성이 논란이 되고 있다.

　이러한 맥락에서 재무행정의 이론을 살펴보고 그 중요성에 더욱 관심을 집중하고자 한다. 또한 학생들이 어렵다 하는 재무이론 등에 관해 쉽게 접근하고자 했다. 장황한 설명보다 간결하고 빠짐없이 정리하여 학생들이 학습하기에 용이하도록 집필하려고 노력했다고 자부하며, 끝으로 책 출간에 힘써 주신 한국학술정보(주)와 기획팀 임은정 선생님께 감사드린다.

2009년 4월
서상원

Chapter 02   예산과정   72

Chapter 03 예산제도의 변천   122

예산의 개념과 본질

01 예산의 개념과 본질

1. 재무행정의 의의

(1) 개념

① 재무행정이란 중앙정부와 지방정부 또는 기타 공공기관이 사회부문으로부터 재원을 조달하고 배분, 관리하는 일련의 모든 활동과 과정을 말한다.

② 재무행정은 정부예산을 대상으로 한 국가의 인간·조직·제도 등과 그 활동의 도구인 예산에 관한 것을 다룬다.

③ 재무행정의 범위는 재정정책·경제안정·사회안정 및 복지정책 등을 위한 예산의 효율적인 관리가 중요하다.

④ 그 이유는 예산의 원천은 국민의 세금이므로 국민의 부담을 덜어 주어야 한다는 차원과 국민이 주인이라는 민주성의 개념이 포함되어 있기 때문이다(재정민주주의, 미국은 예산을 법률의 형식으로 다루고 국민을 Tax-payer라 하는 이유가 된다).

(2) 재무행정 연구의 중요성

① 정부예산의 증가 폭과 정부예산이 국민총생산(GNP)에서 차지하는 비

중이 나날이 증가하고 있기 때문이다. 따라서 국민의 세금인 예산에
대한 관리는 신기술을 도입하여 새로운 관리기법 적용이 증대되는 추
세에 맞추어야 한다.
② 재무행정의 연구를 통해 공무원들의 정치적 공약이 어떻게 실현되는
가를 알 수 있기 때문이다.
③ 정부에 대한 통제와 정부의 책임을 확보하는 데 재무행정에 관한 이
해는 필수적이기 때문이다.
④ 정부예산을 다루는 실무자에 있어 예산의 종류 분류·회계·과정에
대한 이해는 필수적이기 때문이다.
⑤ 예산은 실무자들의 행정활동에서 가장 기본적인 도구가 되기 때문이다.

2. 예산의 의의

(1) 개념

① 예산은 국가의 수입과 지출에 관한 계획이 담긴 문서로서, 일정한 기
간(보통 1년간)의 정부 재정활동(재정수지)을 체계적으로 총괄한 계획
서를 말한다. 개념상으로 분류해 볼 때 ㉠ 실질적으로는 일정기간에
있어서의 국가의 세입과 세출의 예정적 계산이며 ㉡ 형식적으로는 민
주주의 국가에 있어서 의회가 행정부에 대하여 재정적 활동을 허용하
고 통제하는 형식이고 ㉢ 행정관리적 개념은 능률성을 바탕으로 한
행정관리수단으로 본다.
② 예산의 내용은 형식적인 면에서 보아 예산총칙·세입세출예산(예산의
중심)·예비비·계속비·명시이월비·국고채무부담행위로 나뉘며, 일
정기간(회계연도) 동안 정부의 사업과 활동을 모두 포함할 뿐만 아니
라 그것을 통제하는 종합적인 재정계획으로 볼 수 있다.
③ 재정계획은 단순한 이상적 계획이 아니라 국가사회의 현실적 경제능

력과 밀접하게 관련되며, 민주주의 국가에서 입법부가 국민을 대신해서 행정부에 대하여 재정활동을 허용하는 형식이다.

④ 예산과 재정의 차이는 예산은 주로 일반회계 중심이지만 재정은 특별회계 등이나 모든 국가의 활동과 관련된 재산상태를 포함한 넓은 범위의 관리활동이다.

⑤ 회계연도(Fiscal Year)란 예산의 유효기간을 말한다. 회계연도는 나라마다 각기 다른데, 한국을 비롯한 프랑스·스위스·중국의 경우 회계연도는 매년 1월 1일에 시작하여 그해 12월 31일에 끝나고 영국·일본·캐나다 등은 3월부터 그 다음 해 2월까지이며, 미국은 10월부터 그 다음 해 9월까지이다(회계연도 독립의 원칙: 일정기간의 수지의 균형과 정확한 재정상황을 파악하기 위해 다른 연도와 구별하기 위한 원칙).

(2) 예산의 구성

① 예산총칙: 예산총칙은 예산 전반에 걸쳐 적용되는 총괄적인 규정으로 일반회계와 특별회계별 예산총액, 국채와 차입금 발행한도 그리고 비목 상호간의 이용과 허용 범위 등이 포함된다.

② 세입세출예산: 세입세출예산은 예산서 중 핵심적인 내용으로 회계연도 내 모든 수입과 지출 예정액이 소관별·회계별로 구체적으로 표시된다.

③ 계속비: 계속비는 완성에 수년이 걸리는 대형투자사업의 총사업비와 연간 투자 예정액을 명시하여 일괄적으로 국회의 의결을 받아 행정부가 수년에 걸쳐 지출을 할 수 있다.

④ 명시이월비: 명시이월비는 당해 회계연도 내에 지출하지 못할 것이 예측될 경우 그 사유를 예산에 미리 명시하여 국회의 승인을 얻어 다음 연도에 이월하여 사용할 수 있도록 하는 경비를 말한다.

⑤ 국고채무부담행위: 국고채무부담행위는 정부가 공사계약 등 지출원인행위는 당해 연도에 하면서 실제 지출은 다음 연도 이후에 할 수 있도록 하는 것이다.

(3) 실질적 의미의 예산과 형식적 의미의 예산

예산이란 어느 국가의 일정기간에 있어서의 국가의 세입·세출에 대한
예정적 예산 또는 계획안이며 국가재정활동의 지침 내지 사업계획의 윤곽
을 표현한 것이라고 할 수 있다.
① 실질적 의미의 예산: 예산의 실질적 개념이란 그 내용·성질에서 본
   개념으로서 일정기간(한 회계연도)에 소요되는 국가의 재정수요와 이
   에 충당할 재원을 비교하여 계획한 세입·세출의 예정적 계산을 말
   한다.
② 형식적 의미의 예산: 형식적 의미의 예산은 헌법과 예산회계법에 의거
   하여 편성되어 국회의 심의·의결을 거친 1회계연도 간의 재정계획으
   로서 법적 구속력을 가진다.

(4) 예산에 대한 관점

① 합리적 관점: 정부의 목표 달성을 위하여 일정 회계연도 동안 자금을
   조달하고 사용하는 것에 관한 계획으로 본다(예산의 관리작용).
② 정치적 관점: 재원배분에 관련된 이해관계자들이 정치적 과정(갈등, 투
   쟁, 협상, 조정 등의 과정)을 통하여 자신의 이익을 극대화하는 과정
   으로 본다(예산의 권력작용).

(5) 예산의 정치적 성격

① 예산편성과정의 정치적 성격: 정당 및 이익단체는 자신의 이익과 관련
   한 각종 사업이나 정책에 예산이 반영되도록 정치적 활동을 하게 된
   다. 또한 각 중앙 행정관서는 자기 부처 사업과 관련된 예산이 계획
   대로 배정받도록 각종 수단을 동원하고 활동을 전개한다.
② 예산심의과정의 정치적 성격: 국회의 예산심의과정은 예산과정 중 가장
   정치적인 과정을 거치는데, 행정 각 부처, 정당, 이익단체의 로비가

두드러지게 나타나며, 자신의 지역구를 위한 예산의 확보에 총력을 기울이는 과정이다. 우리나라의 경우도 소관 상임위원회의 예비심사 과정을 거쳐 예산결산특별위원회의 종합심사과정에서 여당과 야당 간의 정치적 충돌 및 협상과 절충의 정치적 과정이 이루어지고 있다.

③ 예산집행 및 결산과 정치적 성격: 예산의 집행은 입법부의 정치적 의도를 구현하는 것이므로 정치성을 내포하고 있다고 볼 수 있다. 예산이 집행에 대한 집행실적을 국회에 보고하는 과정에서 결산보고에 대한 심의는 비교적 정치성이 약하지만 국회의 결산심의결과는 다음 연도 예산 작성의 지침자료로 환류되므로 간접적인 정치적 성격을 띠고 있다고 할 수 있다.

(6) 정부예산의 특징(가계나 기업예산과 비교)

① 정부가 이용 가능한 재원의 한도는 사회 내에 있는 모든 재원의 총합계이며, 재원의 규모가 매우 방대하다.

② 민간부문에 있어서의 예산은 이익추구의 극대화지만 정부예산은 여러 가지 정책을 통한 공공이익을 실현하고자 하는 데 그 특징이 있다.

③ 예산을 통한 정부서비스의 공공재(public goods)적 성격은 비배제성과 비경합성의 특성을 가지고 있다.

④ 정부예산과 관련되어 다양한 주체들의 정보의 집적과 정치적 이해관계가 발생하며 복잡한 결정과정을 거친다.

⑤ 국민에 대한 행정서비스 공급의 중단이 불가한 영역이다.

(7) 예산의 구성요소

① 정보: 예산은 정부의 조직, 정책의 내용 및 수준에 관한 정보를 제공한다.

② 계획: 예산은 기획활동의 일부이며, 계획을 보다 세목화하고 구체화한 행동지침이다.

③ 계약과 약속: 예산은 국민과의 약속이며 계약으로서 국회가 국민을 대신하여 최종 의결한다.

④ 예산은 관리 및 회계의 도구이다.

(8) 예산의 유용성과 한계

① 예산의 유용성(순기능)
  ㉠ 경영계획의 수립
  ㉡ 계획 실행 시 행위의 지침
  ㉢ 성과평가의 기준
  ㉣ 의사소통과 조정의 촉진 기능: 조직 전체의 목표와 부문의 목표 또는 부문 상호간의 목표를 조화시켜 목표를 달성하는 기능

② 예산의 효과성 제고 전제조건
  ㉠ 조직 전체의 목표를 명확히 제시
  ㉡ 조직의 목표를 하위목표로 세분화
  ㉢ 조직구성원의 예산 수용
  ㉣ 예산의 통제과정과 성과평가절차와의 연결
  ㉤ 목표의 일치성(goal congruence): 하위목표는 조직 전체의 목표와 일치하여야 하며, 하위목표 상호간에 조화를 이루어야 한다.

3. 예산의 기능

(1) 법적 기능

의회의 심의를 통과한 예산에 한하여 집행이 이루어지는 법적 구속력을 말한다.

⑵ 정치적 기능

① 예산은 정치과정을 통하여 현실적으로 가치를 배분하고, 국민의 이해
관계를 조정하는 정치성이 매우 높은 기능을 가진다(점증주의적 성격).
② 재정통제 기능: 입법부는 예산이라는 형식을 통하여 행정부에 대하여
재정권을 부여해 줌과 동시에 예산심의와 결산심의를 통한 통제수단
이다.
③ 이해관계의 조정수단: 예산의 배분은 여러 사회집단의 이해관계가 첨예
하게 연결된 조정수단으로서 세력 간의 요구나 지지와 같은 영향을
받는다. 또한 예산의 주된 목적은 공익의 달성을 목표로 하고 있으나
각 이해집단의 조정이 매우 중요하다.

⑶ 경제적 기능

Musgrave는 재정의 3대 기능으로서 자원배분기능, 소득분배기능, 경제안
정기능을 주장하였다.
① 경제안정기능: 예산은 국민경제와 매우 밀접한 재정정책의 수단으로서
경제안정화 기능을 가지고 있다.
② 경제성장 촉진기능: 예산은 경제성장의 재원이자 수단으로서 매우 중요
하다.
③ 소득 재분배 기능: 예산은 누진세·상속세·소득세 등의 세율과 직결
되며, 복지 분야와 같은 사회보장적 지출을 통하여 대국민 소득 재분
배 기능을 수행한다.
④ 자원분배기능: 자원배분을 위한 공공재의 공급은 정부부문에서 가장
중요한 역할이며, 그 재원은 조세징수와 같은 예산재원을 통해 이루
어진다.

(4) 행정적 기능

① 통제기능: 예산집행상 행정관료를 통제하는 기능을 말한다. 예산의 효율적 집행과 부정부패 방지 등 재정민주주의 구현을 가능케 한다. 품목별 예산은 통제 중심적 예산으로 활용된다.

② 관리적 기능: 예산은 행정부가 제한된 가용자원을 효과적으로 지출하여 계획된 행정목적을 최대한으로 달성하도록 관리하는 기능을 말한다. 사업을 중심으로 한 성과주의 예산을 중시한다.

③ 계획기능: 각 부처의 정책 및 사업계획이 효과적으로 달성되도록 체계적인 예산계획을 수립하는 기능으로서 중앙인사기관을 중심으로 계획예산제도(PPBS)를 중시한다.

④ 감축관리기능: 1980년대 후반부터는 예산과 사업을 연계시켜 면밀한 분석을 통하여 예산의 절감과 동시에 중복된 기능과 기구의 축소, 더 나아가서는 인력의 감축을 통하여 작은 정부를 구현하는 기능도 수행한다.

Check
Point

예산기능의 이론적 분류
1. 노이마르크(Neumark)의 예산기능
   ① **재정정책적 기능**: 재정정책적인 기능이란 예산이 국가재정의 여러 목표, 즉 자원의 배분, 소득의 재배분, 경제의 안정 및 성장이라는 중요한 목표를 달성하기 위한 재정운용의 수단으로 기능함을 의미한다.
   ② 행정부에 대한 입법부의 통제적 기능
   ③ 강제력을 지닌 제도로서의 법적인 기능
   ④ 낭비방지와 합리적 경제성을 중시하는 재정통제적 기능
2. 쉬크(Schick)의 예산기능
   ① 통제적 기능 ② 관리적 기능 ③ 계획적 기능
3. 슐츠(Schultz)의 예산기능
   ① 관리통제적 기능 ② 전략적 기획기능

---

1. 일반회계와 특별회계

(1) 일반회계

① 일반회계란 국가의 순수한 재정활동을 총망라하는 국가재정의 근간인 중앙정부(국가)의 예산으로서 조세수입이 주된 재원이며, 추가적으로는 세외수입과 차관수입까지 포함된다.

② 정부의 활동으로서 치안·사법·국방 등 가장 기본적인 정부기능을 비롯한 교육·주택·사회보장·보건의료 등의 사회개발과 농·수산개발, 국토자원보존 개발, 경제개발 등 정부의 일반 행정기관에 관련된 회계이다.

(2) 특별회계

① 개념

　㉠ 특별회계란 특정한 대상과 수단(조직 등)에 의해 발생한 세입은 특정한 목적과 대상에 지출할 수 있는 회계로서 일반회계와 분리하여 경리할 목적으로 설정된 회계를 말한다(즉 특별한 사업조직에 적용되는 회계로서 준공공재를 생산 공급하는 조직에 적용되는 회계이다).

　㉡ 특별회계의 세입은 자체 수입과 일반회계로부터의 전입금 등이 있다(자체 재원 부족 시 일반회계의 지원).

　㉢ 특별회계예산은 예산단일성의 원칙·통일성의 원칙의 예외가 적용되므로 융통성·신축성이 높은 회계이다.

② 특별회계의 설치요건: 한국에는 1990년 현재 다음과 같은 3가지의 경우에 의하여 총 16개의 특별회계가 설치되어 있다.

㉠ 국가에서 특정한 목적의 사업을 운영할 때 주로 그 사업운용상의 융통성과 성과의 평가를 위하여 독립적으로 회계할 필요가 생기는데, 통신·양곡관리·조달사업 및 체신에 정부기업특별회계를 설치한다(기업예산회계법).

㉡ 정부는 특정한 자금을 보유하여 이를 금융적으로 운영하고 있는데, 이를 위하여 설정한 것이 재정융자특별회계이다. 즉, 각종 기관의 연금과 같은 공공자금을 예탁받거나 융자자금의 회수분과 전입금 등으로 재원을 조달하는 회계이다(과거에는 재정투융자특별회계라 하였으며, 1997년 개칭하면서 재정융자와 차관관리만 취급).

㉢ 특정한 세입을 특정한 세출에 충당하기 위해 설정된 특별회계들이 있는데, 국립대학 부속병원특별회계를 비롯하여 11개가 운영되고 있다. 통신, 조달, 양곡사업의 기업특별회계는 예산회계법에 근거하며, 흔히 기타 특별회계라고 불리는 나머지 12개의 특별회계는 각각의 특별법을 근거로 하여 설치되었다(농어촌특별세관리회계, 환경개선특별회계 등).

③ 특별회계의 종류

㉠ 정부기업특별회계(사업특별회계): 정부가 특정 사업을 운영할 때 설치하는 특별회계예산으로서 한국에서의 경우는 전매·교통·체신·양곡관리·조달사업이 전형적인 사업특별회계이다(국영 텔레비전 방송사업, 국립대학교 부속병원 포함).

㉡ 자금특별회계: 자금특별회계는 회계연도를 넘어 특정한 목적 또는 용도에 충당하는 자금을 운영 관리하기 위해 설치되며, 공무원연금특별회계·대충 자금특별회계·재정차관자금관리특별회계·재정자금운용특별회계 등이 이에 속한다.

㉢ 구분경리특별회계(통과계정): 경리특별회계는 대체로 사업특별회계에 해당하는 것이 많은데, 설치되는 경우는 다음과 같다.

㉮ 특정한 경비를 제한하기 위해 그 재원이 될 수입을 지정할 때

㉯ 특정 수입액을 제한하기 위해 그 재원으로 지출되는 경비를 지정할 때

㉰ 특정한 공채의 원리금 상환기금으로 특정한 수입을 지정할 때

㉱ 임시적 수입을 특정한 경비의 자금으로 지정할 때

㉲ 특정한 공채를 특정한 임시비에 충당하도록 지정할 때

④ 일반회계와의 차이점(일반적으로 기업예산회계법의 특색)

  ㉠ 특별회계 설치법에 적용: 일반적으로 정부회계는 예산회계법의 적용을 받지만 특별회계는 기업예산회계법이나 별도의 특별회계 설치에 관한 법률의 적용을 받는다.

  ㉡ 발생주의·복식부기 사용(재무제표 작성): 재산의 증감과 변동의 발생을 근거로 하여 계리되도록 하여 사업의 경영성과 재정상태를 명확히 하며, 또한 미래의 사업계획의 자료로 활용되는 방식이다.

  ㉢ 원가계산 및 감가상각제도의 적용: 특별회계는 정부기업에 적용하는 것이므로 이윤창출이 목적이 아니지만 경영의 합리화나 요금결정기준 설정 및 자산관리를 위해 실시한다.

  ㉣ 별도의 예산요구에 따른 국회심의: 일반예산과는 별도의 심의대상이다.

  ㉤ 예산운영의 신축성 인정: 특정 세입이 특정 세출로 연결되므로 신축성이 확보되는데, 목간 전용의 용이, 자금조달을 위한 국채발행이 가능한 점이다.

⑤ 일반회계와 특별회계와의 관계

  ㉠ 세입 및 세출의 전입관계: 정부기업특별회계에 있어서 수익금의 전부 또는 일부를 일반회계에 전입하는 것을 말하는데, 국무회의와 대통령의 승인을 얻어야 한다(특별회계 자금→일반회계).

  ㉡ 세입 및 세출의 전출관계: 일반회계의 세출예산에서 출연금 또는 전출금의 형태로 특별회계에 자금을 지원하는 것이다(일반회계예산→특별회계).

⑥ 특별회계의 장·단점

   ⊙ 장점

     ㉮ 정부의 특정 사업에 대한 운영 수지의 명확화를 기할 수 있다.

     ㉯ 별도의 회계운영으로 재량성과 신축성이 높아 경영성과 능률성을 기대할 수 있다.

     ㉰ 행정의 경제적·재정적 기능의 전문성을 가져온다.

   ⓛ 단점

     ㉮ 특별회계는 일반회계 외로 운영되는 정부의 회계로서 수가 많을수록 정부예산구조가 복잡하게 된다.

     ㉯ 따라서 국가의 재정상태를 한눈에 파악하기 용이하지 않다.

     ㉰ 예산의 원칙인 단일성과 통일성의 원칙에 위배되며, 국회나 국민의 정부예산 통제가 어려워진다.

     ㉱ 별도의 회계이므로 재정확대의 원인이 될 수 있다(목적세목의 증가).

C heck **P** oint

국가균형발전특별회계에 제주계정 신설

(1) 목적

제주특별자치도의 재정운영 자율성과 자치권 확대 등 재정적 기반을 마련하기 위해 국가균형발전특별회계에 제주특별자치도 사업계정'을 신설

(2) 제주계정 편성대상

제주도에 대한 350여 개 국고보조사업과 오는 7월부터 제주도에 이관되는 제주지방국토관리청, 제주지방해양수산청, 제주지방노동사무소 및 제주지방노동위원회, 제주지방중소기업청, 제주보훈지청, 제주환경출장소 등 6개 부처 소관 7개 특별행정기관의 이관경비 등(그러나 취약계층 지원 등 복지사업 및 수해복구사업, 전국적으로 통일된 운용체계가 필요한 사업, 전국적인 공모 또는 위원회 심의를 거쳐 정하는 사업 등 일부사업은 제주계정 편성대상에서 제외).

(3) 기대효과

제주계정이 신설되면 제주도 스스로 사업 우선순위를 정해 예산을 신청할 수 있게 되고, 예산의 이월 및 전용 범위도 확대된다. 또한 집행 잔액 반납 등 사후 정산제 적용을 받지 않게 되고, 제주계정 내 유사사업 간의 연계운용이 강화되는 등 제주자치도의 재정운용 자율성이 크게 확대되는 것은 물론 관련 사업을 효율적으로 추진할 수 있을 것으로 기대.

---

2. 기금

(1) 의의 및 내용

① 정부의 재정활동은 주로 일반회계, 특별회계 등 예산에 의하여 운용되고 있으나 특정한 분야의 사업에 대하여 지속적이고 안정적인 자금이 필요한 경우에 예산과는 별도로 정부가 직접 기금을 조성하는 정부기금과 민간이 조성하여 운용하는 민간기금에 출자하는 유형이 있다.

② 우리나라의 기금은 공공부문의 역할 증대와 경제사회 변화에 따라 탄력적으로 대응하기 위하여 1961년 예산회계법 개정과 함께 설치되었다.

③ 2007년 국가재정법 개정에 따라 특정한 목적을 위하여 특정한 자금을 운용할 필요가 있을 때에 한하여 법률로 기금을 설치할 수 있으며, 일반회계와 통합 운용된다.

④ 국가재정법에서는 기금관리주체(소관 중앙관서의 장)는 지출계획의 주요 항목 지출금액 범위 안에서 대통령령이 정하는 바에 따라 기획재정부장관과 협의하여 세부항목 지출금액을 변경하도록 하였다. 이때 기금운용계획변경안은 국무회의와 대통령의 승인, 국회에 제출하고 자율적으로 국회 승인 없이 변경 가능한 범위는 비금융성 기금은 30%에서 20%로, 금융성 기금은 50%에서 30%로 축소하였다.

(2) 특징

① 무상급부와 유상급부: 조세수입으로 인한 예산은 국민에게 무상의 분배적 성격으로 무상급부를 따르나 기금은 조세재원이 아니므로 유상적 급부가 원칙이다.

② 국회의 통제 측면: 국회의 철저한 통제를 받는 예산과는 달리 기금은 기금관리기본법에 의하므로 국회의 통제가 강하게 미치지 않는 신축성이 있다.

③ 예산의 원칙에 예외: 기금은 별도회계로서 예산의 단일성과 통일성의
   원칙에 예외에 해당한다.

(3) 재원조성방법

① 정부출연금: 정부예산에 의한 출연으로서 개별기금법에 근거한다(양곡
   증권 정리기금, 공무원연금기금).
② 민간출연금: 민간이 자발적으로 출연하는 기금이다(각종 국민성금, 기
   부금).
③ 부담금: 조세적 성격의 기금으로 사용자가 부담하는 각종 기금을 말한
   다(문예진흥기금, 국민체육진흥기금 등).

(4) 우리나라의 기금

① 기금 분류
   ㉠ 기금: 기금 관련 부처의 장이 관리하는 기금과 기금관리기본법 시
      행령에 지정한 기금의 종류들이 해당된다.
   ㉡ 금융성 기금: 이 기금은 정부의 재정범위에 포함되지 않는 기금으로
      서 금융성의 성격을 가진 특정 목적을 위해 설립된 기금들을 말한
      다(신용보증기금 등 각종 신용보증기금, 수출보험기금, 농어가목돈
      마련저축장려기금 등).

② 운용절차
   ㉠ 기금운용계획안 수립: 기획재정부장관에게 매년 5월 31일까지 제출
      한다.
   ㉡ 기금운용계획 심의: 국무회의 심의와 대통령의 제가, 국회의결이 필
      요하다.
   ㉢ 기금의 결산
      ㉮ 기금관리주체의 결산보고서 제출(기획재정부장관)

㉯ 국무회의 심의 및 대통령의 승인

㉰ 감사원의 회계검사

㉱ 국회의 결산통과

③ 문제점: 기금선정의 남발과 중복, 기금의 관리부실과 일반회계로부터의 전입금의 과다소요, 정부의 재정적자 보완수단으로의 목적 전이 등의 문제가 발생하고 있다.

⑸ 기획재정부 기금운용평가단

① 목적: 기금운용의 실태를 평가하여 그 결과를 국민과 국회에 공개함으로써 기금운용의 투명성과 효율성을 제고하고, 기금운용에 대한 종합적이고 전문적인 분석을 통해 기금정책 수립 및 제도 개선에 기여하고자 설치되었다.

② 경영혁신 및 조직 인력관리의 적정성 평가
　㉠ 평가기준
　　㉮ 기금운용의 전반적인 방향이 기금설치 목적에 비추어 적합한가.
　　㉯ 이러한 목적의 달성과 경영효율 증진을 위하여 경영혁신 노력이 지속적으로 경주되고 있는가.
　　㉰ 기금을 관리하는 조직 및 인력관리가 적정한가를 평가
　㉡ 평가내용
　　㉮ 기금 운용방향의 적합성 및 경영혁신 노력
　　　ⓐ 중장기 비전과 운용전략의 적정성
　　　ⓑ 정책목표 달성과 경영효율 증진을 위한 경영혁신 노력
　　　ⓒ 지적 및 권고사항에 대한 개선 노력
　　㉯ 조직 및 인력관리의 적정성
　　　ⓐ 관리조직의 규모와 구조의 적정성
　　　ⓑ 관리조직 및 인력에 대한 내부평가·보상시스템의 합리성

③ 사업선정 및 사업내용의 적정성

  ㉠ 평가기준

    ㉮ 해당 사업이 기금의 설치목적을 효과적으로 달성하도록 사업이 선정되고, 사업의 대상 또는 수혜자가 합리적 기준에 의해 선정되고 있는가의 여부

    ㉯ 사업내용이 사업목적에 비추어 적합한가를 평가

  ㉡ 평가내용

    ㉮ 사업 선정의 타당성

      ⓐ 사업의 차별적 필요성

      ⓑ 기금설치 목적 및 정책목표와의 부합성

    ㉯ 사업내용의 적합성

      ⓐ 사업목적과 사업내용의 연계성

      ⓑ 사업대상 또는 수혜자 선정기준과 결정과정의 합리성·투명성

④ 사업운영 성과 및 효율성 제고 노력

  ㉠ 평가기준

    ㉮ 각 사업이 기금설치 목적 및 사업목표를 효과적으로 달성하고 있는가.

    ㉯ 사업을 효율적으로 운영하기 위하여 노력하고 있는가.

    ㉰ 이를 위해 성과평가제도 등 합리적 관리체계가 구축되어 있는가를 평가.

  ㉡ 평가내용

    ㉮ 사업운영성과

      ⓐ 사업비의 최초 지출계획 대비 집행실적

      ⓑ 사업목표 및 기대효과의 달성 정도

      ⓒ 사업대상 또는 수혜자의 만족도와 개선 정도

    ㉯ 사업운영의 효율성 제고 노력

      ⓐ 성과평가지표와 성과관리체계의 합리성

　　　ⓑ 사업운영 방식의 개선 노력

⑤ 대상기금(총 46개 평가대상 중 32개 기금): 대외경제협력기금, 남북협력기금, 공무원연금기금, 사립학교교직원연금기금, 사학진흥기금, 과학기술진흥기금, 정보화촉진기금, 국민체육진흥기금, 문예진흥기금, 방송발전기금, 농수산물가격안정기금, 농지관리기금, 축산발전기금, 수산발전기금, 전력산업기반기금, 특정물질사용합리화기금, 중소기업공제사업기금, 중소기업진흥 및 산업기반기금, 국민연금기금, 고용보험기금, 근로자복지진흥기금, 산업재해보상보험 및 예방기금, 한강수계관리기금, 국민주택기금, 기술신용보증기금, 신용보증기금, 예금보험기금, 산업기반신용보증기금, 부실채권정리기금, 주택금융신용보증기금, 농림수산업자신용보증기금, 수출보험기금.

　◻ 예산과 기금과의 비교

구분	일반회계	특별회계	기금
설치 사유	국가의 모든 재정활동	• 특정 사업 운영 • 특정 자금 보유운용 • 특정 세입으로 특정 세출에 충당	특정 목적을 위해 특정 자금을 운용할 필요가 있는 경우
재원조달 및 운용형태	공권력에 의한 조세수입과 무상적 급부의 제공이 원칙	일반회계와 기금의 운영형태 혼재	출연금, 부담금 등 다양한 수입원을 토대로 융자사업 등 유상적 급부를 제공하는 경우가 많음
운용계획 확정 및 집행	• 정부가 예산안 편성권을 가지며, 국회가 심의 확정 • 집행과정에서도 합법성에 입각한 통제 실시	• 정부가 예산안 편성권을 가지며, 국회가 심의 확정 • 집행과정에서도 합법성에 입각한 통제 실시	• 해당 부처는 기금 운용계획 수립 시 기획재정부장관과 협의하고 조정 • 기금운영계획의 국무회의 심의, 대통령 승인, 국회 제출 등의 담당책임을 주무부처에서 기획예산처장관으로 변경 • 기금운용계획의 자율적인 변경의 범위를 1/2에서 3/10으로 축소하였으며, 이 비율을 초과하는 주요 항목의 변경은 국회가 심의하고 의결을 거치도록 규정
수입과 지출의 연계		특정한 수입과 지출의 연계	특정한 수입과 지출의 연계

자료출처: 이선혜

국가재정법(2007. 1. 1. 시행) 주요 내용

1. 목적 및 방향
(1) 예산회계법 및 기금관리법을 통합, 국가재정운용의 기본법 제정→재정운용의 틀 마련
(2) 국가재정운용계획의 수립, 예산 총액배분 및 자율편성제도, 성과관리제도의 도입→재정의 효율성 도모
(3) 재정정보의 공표, 조세지출예산제도의 도입→재정의 투명성 제고
(4) 추가경정예산편성요건 강화, 국가채무관리계획의 수립→재정의 건전성 확보

2. 주요 내용
(1) **국가재정운용계획 수립**: 재정운용의 효율화와 건전화를 위하여 매년 당해 회계연도부터 기획예산처는 5회계연도 이상의 기간에 대한 재정운용계획을 수립, 회계연도 개시 90일 전까지 국회에 제출한다.
  ① 이때 기획예산처장관은 재정경제부 장관과 관계 중앙관서의 장과 협의하고 각 중앙관서의 장도 중장기계획 수립 시 기획예산처장관과 협의한다.
  ② 지방자치단체의 장은 국가재정지원에 따라 수행되는 사업(대통령령이 정하는 규모 이상의 사업)의 계획 수립 시는 관계 중앙관서의 장과 협의한다.
(2) **성과 중심의 재정운용**: 예산요구서 제출 시 다음 연도 예산의 성과계획서 및 전년도 예산의 성과보고서와 기금운용계획안 제출 시 다음 연도 기금성과계획서 및 전년도 기금 성과보고서를 기획예산처장관에게 제출한다.
(3) **재정정보의 공표**: 정부는 예산, 기금, 결산, 국채, 차입금, 국유재산의 현재액 및 통합재정수지 그 밖에 대통령령이 정하는 국가와 지방자치단체의 재정에 관한 주요 사항을 매년 1회 이상 정보통신매체, 인쇄물 등에 공표한다.
(4) **조세지출예산서의 작성 의무**: 본문
(5) **예비비의 계상 범위 변경**: 본문
(6) **성인지 예산서의 작성(2010년부터 적용)**: 예산이 여성과 남성에게 미치는 효과를 평가하고 그 결과를 예산편성에 반영하기 위하여 예산이 여성과 남성에게 미칠 영향을 분석한 보고서와 여성과 남성이 동등하게 예산의 수혜를 받고 성차별을 개선하는 방향으로 집행되었는지를 평가하는 보고서를 작성하여야 한다.
(7) **총사업비관리제도**: 각 중앙관서의 장은 완성에 2년 이상이 소요되는 사업으로서 대통령령이 정하는 대규모 사업에 대해서는 그 사업규모와 총사업비 및 기간을 정하여 기획예산처장관과 협의한다.
(8) **예산총계주의 원칙의 예외**: 현물출자, 전대차관 도입, 기술료 등은 예산에 계상하지 않는다.
(9) **기금운용계획의 변경**: 본문
(10) **추가경정예산의 편성 제한**: 본문
(11) **예산 및 기금의 불법지출에 대한 국민감시**: 불법지출에 대하여 국민의 시정요구를 할 수 있으며, 시정에 따른 예산절약 등에 기여한 국민에게 성과금을 지급한다.

3. 총계예산·순계예산·예산순계

(1) 총계예산(예산총계)

정부의 세입·세출의 총액을 계상한 예산을 말하며, 일반회계와 특별회계의 총합이다.

⑵ 순계예산

세입·세출의 총액에서 순수 세입과 순수 세출만을 계상한 예산을 말한다.

⑶ 예산순계

① 예산총계에서 일반회계와 특별회계의 중복 부분을 뺀 것을 말한다.
② 중복 부분이란 일반회계와 특별회계 또는 특별회계 상호간의 불명확
   한 자금의 전출입으로 인해 발생한 중복액을 말한다.
③ 전출입이란 특별회계의 이익금이 일반회계로 전출되는 것과 특별회계
   에 일반회계예산이 전입되기도 한다(전자는 기여형 전출금, 후자는 의
   존형 전입금이며, 전출입이 안 되는 것은 독립형이라 한다).

4. 자본예산(복식예산)

⑴ 개념

자본예산(Capital Budget)이란 복식예산의 일종으로서 경상수지를 관리하
는 경상예산과 자본수지를 관리하는 자본예산으로 구분하여 운영하는 예산
제도를 의미한다. 이때 경상지출은 경상수입으로 충당시켜 수입과 지출의
균형을 이루도록 하지만 자본지출은 공채 발행과 차입금을 활용한 적자재
정으로 충당하도록 한다.

⑵ 스웨덴의 발달배경

① 자본예산제도를 채택하고 이를 토대로 대규모 공공사업을 실시함으로
   써 세계경제대공황을 극복하고자 하였다.
② 공공사업에 대한 초기의 대규모투자는 조세보다 공채로 조달함이 용
   이하였다. 이는 조세저항을 피할 수 있기 때문이다.

③ G. Myrdal은 불경기와 실업타계를 위해 정부에 제안하면서 시작되었는데, 순환적 균형예산이론을 바탕으로 전통적 예산관에 정면 배치되지 않아 국민·의회의 저항을 용이하게 극복할 수 있다.

④ 자본예산제도는 전통적인 균형예산의 관념을 떠나서 불경기의 극복을 위하여 적자예산을 편성하고 경기가 회복된 후에는 흑자예산으로 상환케 하는 제도이므로 순환적 균형예산이라는 것이다.

(3) 미국의 발달배경

① 공공사업의 확대·공공시설의 확충에 조세로는 재원의 확보가 곤란하여(조세저항이 크기 때문에) 공채로 조달해야 할 필요가 있었다(공채관리의 합리화 추구).

② 자본예산제도는 수익자부담의 원칙을 구현하는 데 적합하였다. 즉, 공공시설의 확충 등의 비용을 조세로 충당하면 현세대만이 그 비용을 부담하게 되나, 공채수입으로 조달하면 모든 수익자에게 공채의 원리금상환비용을 장기적 관점에서 분담 지을 수 있다.

③ 세계대공황의 극복, 자원개발 및 지역사회개발 등은 장기계획을 필요로 하였으며, 장기적인 성격의 자본예산제도는 이러한 요구에 부응하였다.

④ 시정부의 공공사업의 계획적 수행을 목적과 공공시설 투자의 촉진, 수익자부담 원칙의 적용, 장기계획의 필요성에 의해 발달되었다.

(4) 자본예산의 특징

① 장기적 지출과 재원조달
② 차입금과 공채에 의한 재원조달
③ 정부 순자산의 변동과 무관
④ 예외적인 상황하에서의 지출
⑤ 불황의 극복 수단

⑥ 수익자부담원칙의 당위성 확보와 구현
⑦ 사회간접자본의 건설, 경제건설 및 개발과 같은 경제정책과 연계

(5) 장점

① 장기적인 재정계획의 수립이 용이하여 정부신용 증진에 기여한다.
② 재정구조의 명확한 이해 가능: 정부의 순자산의 변동과 재정구조 및 사회자본의 축적·유지를 파악할 수 있게 한다.
③ 자본적 지출에 대한 특별한 심사·분석이 가능하다.
④ 불황 및 경기회복 등 경기활성화나 경기변동 조절에 기여한다.
⑤ 수익자 부담의 원칙을 구현해 준다.
⑥ 균형예산에 저항하는 국민·의회의 이해 및 지지 획득이 용이하다.
⑦ 세대별 재원부담의 형평성 조절 기능과 주민 조세부담의 기복과 지출의 기복을 조절하는 데 도움이 된다.
⑧ 자본지출의 사업별 원가계산을 하므로 경제적이다.
⑨ 수요 변화에 탄력적으로 대처할 수 있으며, 주민의 지역 간 이동에 따른 재원부담의 불공평성이 완화된다.

(6) 문제점

① 부족한 예산은 나중에 자본예산으로 충당하면 되므로 적자예산을 편성하는 재정적 전시효과를 노리는 데 치중할 수도 있다.
② 인플레이션의 경우 이를 더욱 확대시킬 우려가 있다.
③ 공공사업 부문에 치중하여 균형적인 국가활동에 저해된다.
④ 적자예산을 자본예산으로 충당함으로써 적자재정의 은폐수단으로서 활용할 수 있으며, 흑자예산을 빙자로 무리한 예산집행을 정당화시킬 수 있다.
⑤ 공공부문에서 선심성 사업에 치중하기 때문에 자본예산의 효율적 집행이 의문시된다.

⑥ 경상계정에 연계되어 자본계정과의 구분기준이 불분명해진다.

⑦ 경기회복 시 자본예산으로 재정에 유입된 만큼 충당하겠다는 단편적이고 근시안적인 제도이며, 재정의 건전성에 영향을 주지 않는 이유로 차입금에 의한 자본지출을 남발하기 쉽다.

⑧ 불경기의 극복을 위하여 자본시설·내구재에만 투자한다는 것은 적절하지 않은데, 경제안정은 경상지출의 증가 또는 세율·이자율의 인하에 의해서도 가능하기 때문이다.

⑨ 공채 남발로 인한 파산의 가능성이 상존한다.

(7) 우리나라의 자본예산제도

① 과거에 사용되었던 경제개발특별회계(1963~1976)가 이와 유사한 것이다.

② 주로 선진국은 경기회복을 목적으로 이용하여 왔으나, 우리나라는 앞으로 ㉠ 고도경제성장을 위한 자본형성과 ㉡ 지방자치시대를 맞아 도시·지역개발의 장기적·효율적 추진을 목적으로 신중한 도입·검토를 해야 할 것이다.

5. 신임예산·예산초과지출추인제도·정치예산·통합예산·조세지출예산

(1) 신임예산

① 신임예산(vote of credit)이란 국가비상 또는 각종 재해 시 예산집행의 용도와 목적 등을 행정부의 재량에 맡겨 운영하는 예산제도이다.

② 예산의 총액만을 의회에서 결정하고 용도는 행정부가 결정하도록 하는 것이 원칙이나 영국에서는 예산의 총액까지도 행정부에 맡긴 사례가 있었다.

③ 지나친 신임은 예산원칙에 위배되므로 이 제도를 채택한 국가에서는

전쟁 등 국가 비상사태로 국한하고 특정한 비목에 한에서만 집행할 수 있도록 제한하고 있다.

(2) 예산초과지출의 추인제도

① 예산초과지출추인(excess votes)제도는 회계연도가 끝날 무렵에 상황 변화로 추가경정예산과 같은 예산의 추가가 필요하지만 시간적 여유가 없을 시 우선 선지출을 한 경우에 회계연도가 끝난 후에 일정한 절차를 거쳐 의회의 추인을 받는 제도이다.
② 영국의 경우에 행정부의 예산초과지출의 문제를 해결하기 위해 이 제도가 사용되었지만 무예산제도(한정이 없는 개념)의 결과를 초래하는 문제점이 있어 바람직한 제도는 아니며, 사후적 문제해결을 위한 예산관리제도이다.

(3) 정치관리예산

① 개념
  ㉠ 정치관리예산(BPM, Budget as Political Management)이란 목표예산 또는 표적예산이라고도 하며, 예산에 있어서의 의회우위를 확보하기 위한 정치적 의도의 예산이다.
  ㉡ 미국 레이건 행정부의 권한강화에 따른 대응책으로 Henry가 정의하고 Stockman이 건의하여 채택되었다.
  ㉢ 행정부 우위인 계획예산제도(PPBS)의 불만으로 성립된 예산제도로서 반합리주의 또는 반계획예산제도라고도 불린다.

② 특징
  ㉠ 정치적 의도: 정부지출의 억제와 의회의 입장을 강화시키려는 제도로서 행정부와 의회와의 정치적 교섭을 갖도록 유도한다.
  ㉡ 대통령의 재개입: 대통령 또는 관리예산처장관(미국)이 제시한 부처

별 목표 범위 내에서만 부처의 자율적인 예산운영을 허용한다.

ⓒ 거시적·하향적 예산: 부처별, 세부적이 아닌 거시적인 규모의 예산을 대통령과 관리예산처장관의 결정에 의한다.

ⓡ 의회편의 예산: 행정부 주도형 PPBS의 문제점을 보완하기 위한 것으로서 사업내용 및 정책문서를 의회가 이해하도록 하며, 행정부의 독주가 아닌 의회와의 정치적 교섭을 한다.

ⓜ 경직성 경비의 삭감과 예산절약: 점증주의 예산편성을 억제하고 경직성 경비를 통제하며, 목표중심적 예산편성에 최고관리자가 적극 개입한다.

ⓗ 지나친 정치성 중심예산: 각 부처별 장관보다 관리예산처장관 중심으로 의회와 교섭하는 정치성과 예산성을 강조하여 자원의 효율적인 배분과 능률성·경제성이 저하된다.

ⓢ 행정부예산기능의 저하: 행정부 각 부처는 예산의 경제적 능률성을 달성하며, 부처에 적절한 사업 추진의 주무부서로서의 기능을 저하시킨다.

(4) 통합예산

① 통합예산회계(united budget)란 중앙 및 지방정부의 일반회계와 특별회계 및 각종 정부기금을 통합한 총괄예산을 말한다(우리나라의 경우 통합예산에 지방 재정을 2003년까지는 제외시켜 왔지만 2004년 하반기 통합재정에 포함시켰음).

② 정부의 모든 세입·세출뿐만 아니라 보유재원도 포함한 전모를 전체적으로 파악할 수 있는 순계예산적 특성을 가지고 있다.

③ 예산규모의 정확한 파악과 보존재원의 실태를 명확히 파악함으로써 재정이 미치는 경제안정 및 성장에 대한 영향을 분석하려는 목적을 가지고 있다.

④ 통합예산의 범위는 중앙 및 지방정부의 순수정부활동부문(일반 및 특

별회계 등)과 정부의 기업활동부문인 비금융공기업부문(기업예산회계
법 적용 대상)을 포함한 비금융공공부문 모두를 말한다(공공금융부문
이란 중앙은행인 한국은행을 말한다).

⑤ 우리나라는 IMF의 권고에 따라 1979년에 도입하였으며, 법에 명시된
정식 예산제도는 아니다. 따라서 예산개요의 부록에 수록하는 형식을
취해 왔다.

(5) 조세지출예산

① 개념
  ㉠ 조세지출이란 정부가 개인 또는 민간기업에 대한 재정지원의 한 방
    법으로서 정책적 감면조치에 따라 내지 않는 세금을 말한다.
  ㉡ 재정지원방법은 비과세, 감면, 공제 등으로 직접적인 예산지출과 같
    은 작용을 하며, 합법적 탈세, 숨은 보조금이라고도 한다.
  ㉢ 조세감면에 따른 조세형평성 및 국회통제를 제고하기 위하여 정부
    가 국회에 예산안 제출 시 조세감면 대상을 함께 제출한다.

② 각국의 예
  ㉠ 한국의 비과세·감면제도와 같은 미국의 조세지출, 독일의 조세원
    조, 영국의 직접조세공제 및 경감제도가 있으며 일본의 조세특별조
    치가 이에 해당된다. 한국의 경우 재정경제부장관은 조세감면, 비과
    세, 소득공제, 세액공제, 우대율 적용 또는 과세이연 등 재정지원의
    추정금액의 보고서를 작성하도록 되어 있다(국가재정법, 2011년부
    터 적용).
  ㉡ 1959년 서독을 시작으로 1980년대를 전후로 OECD에 가입한 29개
    국가 중 프랑스, 벨기에, 포르투갈, 핀란드, 네덜란드, 이태리 등 14
    개 국가가 도입하고 있다.

③ 조세지출예산제도의 목적 및 장점

  ㉠ 자원배분의 효율성 제고: 조세지출과 재정지출을 연계하여 허수재정을 배제하고, 실질적인 재정운용으로 현실적인 자원배분이 가능하다.

  ㉡ 재정운용의 투명성 제고: 조세지출 내역을 대외적으로 공개함으로써 재정의 투명성이 제고된다.

  ㉢ 조세지출대상의 효과적 통제: 조세지출 대상을 제도권으로 흡수시켜 정치적으로 기득권화 또는 만성화된 것을 국회에서 통제할 수 있게 된다.

  ㉣ 조세지출의 제도화: 매년 예산심의과정에서 조세감면의 효과를 객관적으로 평가하고, 그 결과를 조세감면 범위 조정과정에 반영시킬 수 있다.

  ㉤ 정확한 재정규모의 파악 용이: 조세지출제도를 통한 재정지출의 수준과 성격을 파악하고, 그 성과의 재검토 및 반영이 가능하다. 이를 통하여 직접적인 세출예산과의 중복을 방지하고 정책기반의 상호연관의 효과성을 제고시킬 수 있다.

6. 본예산 · 수정예산 · 추가경정예산

(1) **본예산**(최초 또는 당초예산)

① 본예산이란 정상적인 절차에 따라 편성되어 국회에 제출한 예산이 심의 · 확정된 예산을 말한다.

② 본예산은 이미 계획된 정부사업이나 활동을 종합해 놓은 서류에 불과하며, 국제 정세나 사회 · 경제사정의 변화 등은 고려되지 않은 계획안이다. 따라서 미래 여러 행정환경의 변화에 대응하고 적절히 대처하여 변경할 수 있도록 수정예산과 추가경정예산제도를 두고 있다.

(2) 수정예산(국회심의확정 전의 수정요구)

수정예산이란 예산안이 국회에 제출된 후 심의를 거쳐 본예산으로 확정되기 이전에 그 내용의 일부를 수정하여 제출되는 예산안을 말한다.

(3) 추가경정예산

① 추가경정예산(追加更正豫算)이란 예산이 국회를 통과하여 성립된 후 당해 회계연도 중에도 국가의 불가피한 사유로 인하여 이미 성립된 예산과는 별도로 추가 또는 삭감하는 예산을 말한다.
② 추가경정예산은 본예산과는 달리 별개로 성립되는 것이어서 예산 단일성의 원칙에 예외이며, 우리나라는 보통 1년 1회이지만 그 횟수는 제한이 없다.
③ 추가경정예산편성은 다음 경우로 한정한다.
  ㉠ 전쟁이나 대규모 자연재해 발생 시
  ㉡ 경기침체, 대량실업 등 대내외 여건의 중대한 변화가 발생하였거나 발생할 우려 시
  ㉢ 법령에 따라 국가가 지급해야 하는 지출이 발생 또는 증가 시

7. 준예산 · 잠정예산 · 가예산

예산이 회계연도 개시 전(매년 1월 1일)까지도 국회에서 확정되지 못한 경우 즉 예산불성립 시 정부활동의 지속을 위해 예산의 집행은 불가피하므로 이러한 경우를 대비한 예산제도이다.

(1) 준예산(국회심의 무관)

① 개념: 준예산(準豫算)이란 회계연도가 개시될 때까지 예산이 국회에서

의결되지 않을 경우를 대비하여 정부가 국회에서 예산안이 의결될 때
까지 전년도 예산에 준하여 한정적인 항목에 대해 경비를 지출할 수
있는 예산이다(사전 승인의 원칙에 예외).

② **준예산의 적용대상**(경비에 한함)

　㉠ 헌법이나 법률에 의하여 설치된 기관 또는 시설의 유지비·운영비

　㉡ 법률상 지출의 의무가 있는 경비(공무원의 임금 및 사무처리를 위
　　한 경비)

　㉢ 이미 예산으로 승인된 사업의 계속을 위한 경비(계속비: 공사, 연구
　　개발 및 제조개발 등에 소요되는 경비)

③ 위의 적용대상 외에는 준예산 사용이 금지되며, 특히 신규사업과 새
로운 비목 및 예비비를 위해서는 사용이 불가하다.

(2) **잠정예산**(국회심의 필요)

① 잠정예산(暫定豫算)이란 회계연도 개시일까지 예산이 국회를 통과하
지 못하는 경우 전체적인 지출항목에 대해 일정기간 동안 잠정적으로
예산을 집행하는 제도이다.

② 우리나라의 경우에 채택한 적은 없으며, 미국, 영국, 캐나다, 일본 등
에서 사용한 예가 있다.

(3) **가예산**(국회심의 필요)

① 가예산(假豫算)이란 부득이한 사유로 예산이 국회에서 의결되지 못한
경우에 전반적인 지출항목에 대해 최초의 1개월분을 집행할 수 있는
제도이다.

② 우리나라의 정치적 불안정으로 1955년까지 거의 매년 가예산을 적용
해 왔다.

1. 개념

(1) 예산의 기초재원은 국민의 세금이다. 따라서 예산의 원칙을 철저히 지키는 민주성을 목표로 한 행정의 역할을 강조한 원리이기도 하다.

(2) 즉, 예산의 편성·심의·집행 등 예산과정에서 준수되어야 할 원칙을 말한다.

(3) 예산의 원칙은 자유주의 성립단계에서 나타난 행정부 통제 중심적(입법부 우위)인 전통적 예산원칙과 행정부의 관리와 자율성을 강조한 현대적 예산의 원칙이 있다.

(4) 두 원칙이 의회(국민)의 의도를 살리는 재정통제와 예산의 본래 목적 달성을 위한 행정부의 신축성 있는 계획, 관리, 집행기능이 상호 조화되는 것이 바람직하다.

2. 예산원칙의 분류

(1) **전통적 예산원칙**(Neumark 원칙, Sundelson, L. Say, A. Smith가 주장)

① 공개성의 원칙: 모든 예산은 공개되어야 하며, 국회가 국민을 대신하여 승인한다.

　㉠ 예산의 편성·심의·집행 등 예산과정은 국민에게 공개되어야 한다는 원칙으로서 재정민주주의 실현의 최우선 전제조건이다.

　㉡ 국가 기밀상 또는 전시, 재난 등으로 인한 신임예산은 예외에 해당한다.

　㉢ 국정원의 예산과 같은 정보예산의 내용은 비공개로 되어 있어 정치

적 문제의 원인을 제공하기도 한다(이회창과 세풍사건, 국정원 미림팀의 도청장비 구입예산 등).

② **명료성의 원칙**: 예산의 내용(구조 및 과목 등)은 국민이 이해할 수 있어야 하며, 국회의 예산심의에 용이하도록 편성하고 분류되어야 한다는 원칙이다. 공개성의 원칙에 따라 공개되고 국민과 국회심의 시 예산의 전 내용을 이해하는 데 용이해야 한다.

③ **단일성의 원칙**
  ㉠ 명료성의 원칙을 충실히 하기 위해서는 국가예산의 회계구조가 복잡하지 않고 단일해야 한다는 원칙이다.
  ㉡ 국가의 회계종류(쉽게 표현하면 회계장부의 개수)가 여러 개로 나뉘는 것은 정부회계(재정) 전체를 종합적으로 판단하기 어려워지기 때문이다.
  ㉢ 예외: 추가경정예산과 특별회계

④ **완전성의 원칙**
  ㉠ 정부의 모든 활동은 예산범위 내에 완전히 계상되어야 한다는 원칙이다.
  ㉡ 정부재정의 내용이 예산에 명시되고 포함되어야 하며, 모든 수입과 지출이 빠짐없이 예산내용에 포함되어야 한다는 것이다.
  ㉢ 총계예산주의, 완전 또는 총액예산의 원칙이라고도 하며, 포괄성과 총괄성을 의미한다.
  ㉣ 예외는 순계예산, 정부기금, 수입대체경비

⑤ **한정성의 원칙**: 전형적인 행정부 통제원칙으로서 예산사용의 목적·주체·액수·기간을 원래 편성계획대로 지켜야 한다는 원칙이다.
  ㉠ 질적 한정성의 원칙: 정해진 목적과 용도에만 사용해야 하는 유용금지의 원칙
  ㉡ 양적 한정성의 원칙: 계상된 이상의 초과지출 금지의 원칙으로서 예

산초과지출 및 예산외지출을 금지하는 원칙

ⓒ 시간적 한정성의 원칙: 일정 정해진 기간, 즉 회계연도를 지키는 원칙으로서 회계연도독립의 원칙 등이 있다.

⑥ 통일성의 원칙

㉠ 특정한 수입과 특정한 지출이 직결되어서는 안 된다는 원칙이다(수입의 직접사용금지주의).

㉡ 특정 조직과 수단에 의한 수입이 일단 국고로 들어와 다른 일반예산과 동일한 재원으로 포함, 구성되지 않고 수입의 주체인 특정 조직과 수입의 목적을 위해 바로 지출이 되어서는 안 된다는 것이다.

㉢ 예외: 특별회계, 목적세(교통세, 교육세, 농어촌특별세, 도시계획세, 공동시설세가 해당)

⑦ 사전의결의 원칙

㉠ 행정부의 예산은 입법부의 사전 의결이 있어야 집행이 가능하다는 사전심의의 원칙이다.

㉡ 예외로는 준예산, 예비비, 전용, 사고이월대통령의 긴급재정경제제명령, 긴급처분 등.

⑧ 엄밀성의 원칙

㉠ 예산과 결산이 일치해야 한다는 것으로서 정확성의 원칙과 같다. 즉, 최초 계획된 예산액과 회계연도 후에 결산액이 일치히여야 한다는 것이다.

㉡ 예외로서는 예비비, 총괄예산제도, 전용 등.

⑨ 균형성의 원칙

㉠ 세입과 세출은 일치되어야 한다는 원칙이다. 즉, 전년도에 수입된 세입금액이 다음 연도에 모두 세출로 지출되어 균형이 있어야 한다는 것이다.

㉡ 예외: 적자예산, 흑자예산

(2) 현대적 예산원칙(H. Smith)

① 행정부 계획수립의 원칙: 행정부는 예산을 통한 각종 사업계획 수립의 주체이자 행정부의 사업계획이 반영되어야 한다는 원칙을 말한다.

② 행정부 책임의 원칙: 행정부는 국민의 세금으로 이루어진 예산이므로 예산집행의 경제성·합목적성·효과성 등을 충실히 추구하여 본래 예산의 목적을 달성해야 할 책임을 말한다.

③ 보고의 원칙: 예산편성·집행·심의는 각 행정부처의 재정보고와 업무보고 등에 기초해야 한다는 원칙이다. 중앙예산기관이 일방적으로 예산과정의 중심이 아닌 해당 부처의 사업 등 상황의 보고에 따라 예산과정이 이루어져야 한다는 것이다.

④ 적절한 수단구비의 책임원칙: 예산의 집행에 있어서 중앙예산기관을 중심으로 통제와 신축성의 조화를 위한 적절한 제도가 마련되어 있어야 한다는 원칙이다.

⑤ 다원적 절차의 원칙: 사업의 다양성에 대비한 예산의 절차를 적용할 필요성의 원칙이다. 즉, 사업에 따라 일반회계와 특별회계의 적절한 편성이 필요하다.

⑥ 시기의 신축성 원칙: 경제상황 및 행정환경 변화에 따라 사업의 실시 시기에 신축성을 부여한다는 원칙을 말한다. 행정부가 예산집행의 기간에 집착하게 되면 사업의 본래 목적이 훼손된다.

⑦ 행정부 재량의 원칙: 행정부가 재량을 가지고 예산을 집행할 수 있도록 해야 한다는 원칙이다. 지나친 세목의 한정은 통제 위주의 예산이 되며 신축성을 저해한다. 따라서 사업을 총괄적으로 심의·통과시켜 효율적 사업수행이 되도록 해야 한다.

⑧ 예산기구의 상호교류의 원칙: 중앙예산기관과 각 행정부처의 예산담당 부서와의 협조와 의사소통이 활발히 이루어져야 한다는 원칙을 말한다. 실제 예산편성과정에서 끊임없는 정보의 교류가 이루어지며 정치적 과정을 거친다고 볼 수 있다.

1. 국가재정법

(1) 개념

① 국가의 예산·기금·결산·성과관리 및 국가채무 등 재정에 관한 사항을 정함으로써 효율적이고 성과 지향적이며 투명한 재정운용과 건전재정의 기틀을 확립하는 것을 목적으로 한다.

② 일반회계는 조세수입 등을 주요 세입으로 하여 국가의 일반적인 세출에 충당하기 위하여 설치한다.

특별회계는 국가에서 특정한 사업을 운영하고자 할 때, 특정한 자금을 보유하여 운용하고자 할 때, 특정한 세입으로 특정한 세출에 충당함으로써 일반회계와 구분하여 계리할 필요가 있을 때에 법률로써 설치하되, 규정된 법률에 의하지 아니하고는 이를 설치할 수 없다.

③ 예산회계법과 기금관리기본법을 통합, 폐지하고 국가재정의 기본에 관한 법으로 제정, 시행한다.

④ 지방자치단체는 지방재정법으로 규정한다.

(2) 주요 골자

① 각 회계연도의 세출은 그 연도의 세입으로써 충당하여야 한다.

② 정부의 세출은 국채 또는 차입금 이외의 세입을 재원으로 하는 것이 원칙이나 부득이한 경우에는 국회의 의결을 얻은 금액의 범위 내에서 국채 또는 차입금으로 충당할 수 있다.

③ 정부는 국고금의 출납상 필요한 경우에는 재정증권을 발행하거나 중앙은행(한국은행)으로부터 일시차입을 할 수 있으나, 재정증권과 일시

차입금은 당해 연도의 세입으로 상환하여야 한다.

④ 재정증권의 발행과 일시차입금의 차입최고액은 필요로 하는 회계별로 매 회계연도마다 국회의 의결을 얻어야 한다.

⑤ 기금은 국가가 특정한 목적을 위하여 특정한 자금을 신축적으로 운용할 필요가 있을 때에 한하여 법률로써 설치하되, 정부의 출연금 또는 법률에 따른 민간부담금을 재원으로 하는 기금은 규정된 법률에 의하지 아니하고는 이를 설치할 수 없다. 또한 규정에 따른 기금은 세출예산에 의하지 않고 운용할 수 있다.

⑥ 국가의 채권의 전부 또는 일부를 면제하거나 효력을 변경할 때에는 법률에 의하여야 한다. 국가의 재산은 법률에 의하지 아니하고는 교환·양여·대부·출자 또는 지급의 수단으로 사용할 수 없다.

⑦ 각 중앙관서의 장은 그 소관에 속하는 수입을 국고에 납부하여야 하며, 이를 직접 사용하지 못한다(국고통일주의).

⑧ 기획재정부 장관은 예산의 집행을 감독과 예산관계 법령에 관한 사무 및 회계 관계 법령에 관한 사무를 관장한다.

⑨ 기획재정부장관은 중·장기 재정운용계획을 수립할 수 있다. 예산·결산·수입·지출·기록과 보고에 대해서는 각각 별개의 장으로 자세한 규정을 두고 있다.

⑩ 금전의 급부를 목적으로 하는 국가의 권리 또는 국가에 대한 권리는 5년간 행사하지 않을 때에는 시효가 소멸되며, 납입의 고지는 시효중단의 효력이 있다.

⑪ 한국은행은 국고금 출납의 사무를 취급하여야 하며, 출납공무원은 현금을 출납 보관하여야 한다(회계기관 분리의 원칙).

⑫ 국가가 보증채무를 부담하고자 하는 경우에는 미리 국회의 동의를 얻어야 하며, 세입징수관·재무관·지출관 및 출납공무원은 재정보증이 있어야 한다.

(3) 특징

① 정부는 재정운용의 효율화와 건전화를 위하여 매년 당해 회계연도부
터 5회계연도 이상의 기간에 대한 재정운용계획(이하 '국가재정운용
계획'이라 한다.)을 수립하고 국회의 심의를 받는다.

② 기획재정부장관은 국가재정운용계획을 수립하는 때에는 관계 중앙관
서의 장과 협의하여야 하고 각 중앙관서의 장은 재정지출을 수반하는
중·장기계획을 수립하는 때에는 미리 기획재정부장관과 협의하여야
한다.

③ 각 중앙관서의 장과 법률에 따라 기금을 관리·운용하는 자(기금의
관리 또는 운용 업무를 위탁받은 자를 제외하며, 이하 '기금관리주체'
라 한다.)는 재정활동의 성과관리체계를 구축하여야 한다. 또한 각 중
앙관서의 장과 기금관리주체는 '국가회계법'에서 정하는 바에 따라
예산 및 기금의 성과보고서를 작성하여야 한다.

④ 정부는 예산, 기금, 결산, 국채, 차입금, 국유재산의 현재액 및 통합재
정수지 그 밖에 대통령령이 정하는 국가와 지방자치단체의 재정에 관
한 중요한 사항을 매년 1회 이상 정보통신매체·인쇄물 등 적당한 방
법으로 알기 쉽고 투명하게 공표하여야 한다.

⑤ 예비비제도: 예비비를 일반예산 총액의 100분의 1 범위 내로 규정한다.

⑥ 정부는 예산이 여성과 남성에게 미칠 영향을 미리 분석한 보고서(이
하 '성인지(性認知) 예산서'라 한다.)를 작성하여야 하며, 성인지 예산
서의 작성에 관한 구체적인 사항은 대통령령으로 정한다. 또한 정부
는 여성과 남성이 동등하게 예산의 수혜를 받고 예산이 성차별을 개
선하는 방향으로 집행되었는지를 평가하는 보고서(이하 '성인지 결산
서'라 한다.)를 작성하여야 한다.

⑦ 기획재정부장관은 조세감면·비과세·소득공제·세액공제·우대세율
적용 또는 과세이연(과세이연) 등 조세특례에 따른 재정지원의 직전
회계연도 실적과 당해 회계연도 및 다음 회계연도의 추정금액을 기능

별·세목별로 분석한 보고서(이하 '조세지출예산서'라 한다.)를 작성
하여야 한다.

⑧ 각 중앙관서의 장은 예산의 목적범위 안에서 재원의 효율적 활용을
위하여 대통령령이 정하는 바에 따라 기획재정부장관의 승인을 얻어
각 세항 또는 목의 금액을 전용할 수 있다. 이 경우 사업 간의 유사
성이 있는지, 재해대책 재원 등으로 사용할 시급한 필요가 있는지, 기
관운영을 위한 경비의 충당을 위한 것인지 여부 등을 종합적으로 고
려하여야 한다.

⑨ 각 중앙관서의 장은 완성에 2년 이상이 소요되는 사업으로서 대통령
령이 정하는 대규모 사업에 대해서는 그 사업규모·총사업비 및 사업
기간을 정하여 미리 기획재정부장관과 협의하여야 한다.

⑩ 정부는 국가재정의 효율적 운용을 위하여 필요한 경우에는 다른 법률
의 규정에 불구하고 회계 및 기금의 목적 수행에 지장을 초래하지 아
니하는 범위 안에서 회계와 기금 간 또는 회계 및 기금 상호간에 여
유재원을 전입 또는 전출하여 통합적으로 활용할 수 있다. 다만, 다음
각 호의 특별회계 및 기금을 제외한다. [개정 2008. 3. 28. 제9016호
(방사성폐기물관리법)][시행일 2009. 1. 1.]

1. 우체국보험특별회계

2. 국민연금기금

3. 공무원연금기금

4. 사립학교교직원연금기금

5. 군인연금기금

6. 고용보험기금

7. 산업재해보상보험및예방기금

8. 임금채권보장기금

9. 방사성폐기물관리기금

10. 그 밖에 차입금이나 '부담금관리기본법' 제2조의 규정에 따른 부담금
등을 주요 재원으로 하는 특별회계와 기금 중 대통령령이 정하는 특

별회계와 기금

⑪ 기획재정부장관은 제1항의 규정에 따라 전입·전출을 하고자 하는 때에는 관계 중앙관서의 장 및 기금관리주체와 협의한 후 그 내용을 예산안 또는 기금운용계획안에 반영하여야 한다.

2. 기업예산회계법

(1) 개념

① 특별회계의 기업예산회계법은 정부공기업에 해당되는 회계의 일종을 말한다.
② 기업예산회계법은 정부형 공기업인 통신, 조달, 양곡사업과 책임운영기관에 적용된다.
③ 예산회계법(현재 폐지, 국가재정법에 근거) 제10조에 근거를 두고 1961년에 제정되었다.
④ 기업예산회계법의 적용을 받는 공기업과 책임운영기관은 복식부기와 발생주의 계리방식을 적용하고 있지만, 현재 중앙 및 지방정부 행정에 적용되는 회계제도는 단식부기와 현금주의를 채택하고 있는데 현금주의 단식부기의 단점은 다음과 같다.
　㉠ 재정활동에 대한 총괄적·체계적 파악이 용이하지 않다.
　㉡ 회계 기록관리상의 건전성 여부가 문제시되고 있다.
　㉢ 기록에 대한 자기검증이나 예산과 사업 간의 연계분석을 어렵게 한다.
　㉣ 회계의 조작이나 오류의 발견을 파악하기 어렵고 재정상태나 재무성과에 대한 왜곡된 정보를 제공하여 관계자들의 정책결정을 어렵게 한다(지방정부는 지방재정법인 지방자치단체의 재정 및 회계에 관한 기본법 적용).

(2) 특징

① 발생주의 회계 적용: 실제 현금의 입·출입을 중심으로 계리하는 것이 아니고, 재산의 증감 및 변동을 발생 시점과 사실을 중심으로 계리하도록 하는 회계방식이다.
② 기업성의 특성: 원가계산, 손익계산, 대차대조표의 작성으로 사업능률의 증진, 경영관리 및 요금결정의 기초를 제공한다.
③ 감가상각제도: 정부형 공기업과 책임운영기관은 일반 행정기관이 아닌 사업 또는 일정의 수익을 창출하는 조직이므로 재산의 명확한 평가가 필요하므로 매년 감가상각을 실시한다.
④ 비독립채산제 적용: 특별회계로서 비독립채산제를 적용함에 따라 국회의 예산심의 및 결산을 받아야 한다.
⑤ 예산운용의 신축성: 효율적 사업 추진을 위해 수입금 마련 지출제도와 목간전용, 국채발행과 자금차입이 가능하게 되어 있어 자금조달이 용이하고 예산운용의 신축성과 융통성이 부여되어 있다.

3. 공공기관의 운영에 관한 법률

(1) 개념

① 공기업의 유형 중 정부형 공기업을 제외한 공기업에 적용되는 회계법은 과거에 정부투자기관관리기본법에 의해 운영되었으나 2007년 4월 공공기관의 운영에 관한 법률이 제정되면서 공기업 및 공공기관 일체에 적용되고 있다.
② 이 법은 공공기관의 운영에 관한 기본적인 사항과 자율경영 및 책임경영체제의 확립에 관하여 필요한 사항을 정하여 경영을 합리화하고 운영의 투명성을 제고함으로써 공공기관의 대국민 서비스 증진에 기여함을 목적으로 한다.

③ 정부는 공공기관의 책임경영체제를 확립하기 위하여 공공기관의 자율적 운영을 보장하여야 한다.

④ 기획재정부장관은 국가·지방자치단체가 아닌 법인·단체 또는 기관(이하 '기관'이라 한다.)으로서 다음 각 호의 어느 하나에 해당하는 기관을 공공기관으로 지정할 수 있다.

⑵ 운영상의 특징

① **자율성·독립채산제:** 정부투자기관은 책임경영체제에 따른 재정분리와 자율성, 독립채산제로 운영되고 있다. 독립채산제의 의미는 ㉠ 수지적합의 원칙 ㉡ 자본의 자기조달의 원칙 ㉢ 이익의 자기처분의 원칙 등이 있는 재산운영의 개념이다.

② **국회예산심의와 무관:** 기업예산회계법과 이 점에서 큰 차이를 가지고 있는데 국회의 심의를 거치지 않고 이사회의 의결로 예산이 운용된다.

③ **경영평가위원회와 경영평가단의 운영:** 정부투자기관의 경영성과 및 상태를 관리 감독하기 위한 정부투자기관 경영평가위원회와 정부투자기관 경영평가단이 기획예산처에 설치되어 있다(13개 정부투자기관).

④ **경영목표 및 경영실적 평가:** 정부투자기관의 사장은 익년도 경영목표와 경영실적보고서를 기획예산처장관 및 주무 장관에게 제출하고 기획예산처장관은 정부투자기관이 제출한 경영실적보고서에 따라 경영실적을 평가한다

⑤ **이원적 경영조직:** 정부투자기관의 경영조직은 의결기구와 집행기구로 이원화하여 의결기구인 이사회는 주요사항을 심의·의결하며, 집행기관(사장 등)은 경영과 그 성과에 대한 책임을 진다.

⑥ **인사 및 조직운영상의 자율권 인정:** 신규 임용 및 내부인사와 조직관리상의 자율성을 기관장에게 위임하고 있다(임원은 준공무원이며, 일반 구성원은 회사원이다).

(3) 주요 내용

① 기획재정부장관은 공공기관을 공기업·준정부기관과 기타 공공기관으로 구분하여 지정하되, 공기업과 준정부기관은 직원 정원이 50인 이상인 공공기관 중에서 지정한다.
② 공공기관의 운영에 관하여 심의·의결하기 위하여 기획재정부장관 소속하에 공공기관운영위원회를 두고 운영위원회는 위원장 1인 및 다음 각 호의 위원으로 구성하되, 기획재정부장관이 위원장이 된다.
③ 공공기관은 다음 사항을 공시해야 한다.
　　㉠ 경영목표와 예산 및 운영계획
　　㉡ 결산서(재무제표와 그 부속서류를 포함한다.)
　　㉢ 임원 및 운영인력 현황
　　㉣ 인건비 예산과 집행 현황
　　㉤ 자회사와의 거래내역 및 인력교류 현황 등

4. 정부회계의 계리방식

(1) 정부회계

① 의의
　㉠ 정부회계는 정부 및 지방자치단체 등의 재정(public finance)활동을 그 회계 대상으로 하고 있다. 재정이란 정부, 지방자치단체 등에서 공공욕구의 충족을 위하여 필요한 수단인 재화와 용역을 획득 관리 사용하는 경제활동을 말한다.
　㉡ 현재 정부회계는 단식부기, 현금주의 회계이지만 정부의 성과중심적 개혁추세에 따라 복식부기, 발생주의 회계로 전환되는 시점에 있다.
　㉢ 정부 및 비영리회계와 함께 영리를 목적으로 하는 기업회계와 대비

되는 공공부문의 회계이다. 공공부문은 넓게 중앙정부나 지방자치단체, 국영기업체 및 준공공기구(정부의 사무를 위임받은 단체 등)와 비영리공공단체(대학, 병원, 조합, 장학재단, 자선단체, 교육기관 등)를 포함한다. 공공부문의 회계도 정부, 지방자치단체, 국영기업체 등의 회계(정부회계)와 기타 비영리단체의 회계로 구분할 수 있다.

   ㉣ 정부회계는 책임성과 관리적 측면에서 발전하여 초기에는 정부회계는 예산과 더불어 법규의 준수를 중시하였다. 이후 감사제도의 발달과 함께 정부회계는 정부의 재정활동을 공개하고, 감사의 기준을 제공하는 방향으로 발전되었으며, 1950년대 이후에는 경제분석과 개발계획을 마련하는 기초를 제공하는 동시에 예산편성, 책임 부여 및 평가를 위한 기본적 틀을 제공하는 방향으로 개념적인 발전을 하고 있다.

② 특징: 정부회계는 상업회계와 다르며, ㉠ 정부는 이윤동기가 없다는 점 ㉡ 정부의 관리자는 입법부의 견해를 반영하여야 한다는 점이 특징이다.

③ 우리나라의 정부회계의 단계적 개혁: 우리나라 중앙정부의 장부는 기본적으로 현금출납부 위주의 예산집행기록 중심이며, 물품과 국유자산은 별도로 다음과 같이 분류하여 관리한다.

   ㉠ 예산제도와 관련된 세입, 세출 예산회계에 대한 장부

   ㉡ 현금수지와 관련된 징수부, 지출부, 현금출납부

   ㉢ 자산유지 및 관리를 위한 물품관리, 출납 및 운용에 관한 장부 및 국유재산의 총괄부

   ㉣ 국회에 제출하는 세입 및 세출결산보고서, 계속비 결산보고서, 국가의 채무에 관한 보고서, 물품증감과 현재액의 계산을 표시하는 물품관리보고서, 국유재산 증감 등 현재액을 나타내는 보고서

④ 우리나라 정부회계의 문제점

  ㉠ 법령에 의한 엄격한 기준 적용과 예산과정의 불합리성을 들 수 있다.

  ㉡ 체계적이고 논리적인 정부회계의 목적 부재 및 회계학적인 정부회계의 기준 미비: 회계처리기준은 예산, 제정, 회계가 혼돈되어 있는 회계 관련 제 규정에 지나치게 의존하고 있고 지출관리를 강조하고 있다.

  ㉢ 각 적용법률의 상호 중복성·모순성: 정부회계는 정보이용자 욕구 등 회계 환경에 적응하지 못하고 법규 및 예산준수 여부에 초점을 두고 있다.

  ㉣ 성과측정의 문제(비용배분의 부적절성): 연금부담금은 현재 행자부 지출로 기록, 지출을 수반하지 않은 경비의 누락(감가상각비, 대손상각, 연금충당금 등), 우발손실에 대한 준비의 미비 등이 발생하고 있다.

  ㉤ 정부기관 및 기금별 재무상태를 나타내는 대차대조표가 통합적으로 작성되지 않고 있다.

  ㉥ 예산담당자들의 자질부족과 비효율적인 회계, 분류체제의 모순 등이 있다.

  ㉦ 회계처리의 일반적 기준을 정립하고 심층적 연구가 필요하다.

(2) 단식부기와 복식부기

① 단식부기

  ㉠ 단식부기는 개개 재산의 변동(실제 현금 및 재산의 입·출입 상태)만을 단독으로 기록·계산하는 것으로 상식적인 기장(記帳)을 하는 부기법이다.

  ㉡ 재산이나 자본의 정확한 상황판단, 예측과 계산을 위해 하는 것보다는 오히려 기장기술(記帳技術)이 간편한 것을 바라는 가정이나 소규모기업에서 유용하다.

  ㉢ 시간과 비용이 적게 들고 관리상 편리한 장점이 있으나 회계기록의

정확성·신뢰성에 문제가 있다.

② 복식부기

　㉠ 복식부기는 수입과 지출이 발생한 시점을 중심으로 액수와 사실만을 기록하는 단식부기와 달리 수입과 지출을 자산 및 부채와 연결해 기록하는 방식으로 재정상태를 명확히 살펴볼 수 있다.

　㉡ 복식부기는 개개의 재산변동을 다른 것과의 유기적 관련으로 파악하여 대차평균의 원리 아래서 조직적·합리적으로 기록·계산하는 것으로서 이론적·실천적으로 많은 특징을 가지고 있어서 지배적인 관리기술체계로 인식하고 있다(왼쪽 차변은 자신의 증가, 부채, 자본의 감소 및 손실/우측 대변에는 자산의 감소 및 부채, 자본의 증가 등을 기록).

　㉢ 단식부기는 일정한 원리와 원칙이 없이 현금의 유입과 유출이 있을 때마다 회계장부에 기록하는 것이지만 복식부기는 재산의 증감에 영향을 주는 모든 거래를 기록하기 때문에 재산의 변화 원인과 결과를 동시에 파악할 수 있다.

(3) 현금주의와 발생주의

① 현금주의

　㉠ 일정기간 유입된 현금총액과 유출된 현금을 대응시켜 순 손익을 계산하는 전근대적인 방법이다. 따라서 수익과 비용은 실제로 현금의 유입과 지출이 되었을 때를 기준으로 관리하는 것이다.

　㉡ 현금주의로 계산된 당기순이익의 개념은 일정기간 현금유입액을 초과하는 금액으로 순 현금의 유입액을 가리킨다.

　㉢ 현재 일반적으로 현금주의에 의한 회계를 인정하고 있지 않지만 소규모기업이나 서비스기업에서 단식부기와 함께 현금주의를 적용하는 경우가 많다.

　㉣ 장점으로는 단식부기와 같이 이해와 예산의 관리통제가 용이하며,

현금의 흐름상태를 파악하기 쉽다.

　　㉣ 단점

　　　　㉮ 단식부기와 같이 회계기록의 정확성과 신뢰성의 문제 수반

　　　　㉯ 자본적 자산의 감가상각비나 자본에 대한 이자를 고려하지 않으므로 경영성과 파악 곤란

　　　　㉰ 비용편익분석의 곤란

　　　　㉱ 회계상 부정의 가능성 내포

② 발생주의

　　㉠ 발생주의 회계는 현금 입출금 시점이 아니라 거래가 발생한 시점을 기준으로 하기 때문에 정부의 재정상태를 리얼타임으로 파악할 수 있다(복식부기).

　　㉡ 발생주의는 현금주의와 상반된 개념으로서 현금의 수수와는 관계없이 수익이나 비용이 발생된 시점을 기준으로 하는 개념이므로 기업의 기간손익(期間損益)을 계산함에 있어서 수익과 비용을 대응시켜야 하고, 이에 따라 수익과 비용을 인식하는 시점을 경제가치량의 증가 또는 감소의 사실이 발생한 때를 기준으로 하여 인식하는 것을 말한다.

　　㉢ 따라서 현금의 투자와 관계없이 수익이나 비용이 발생된 경제적 사실에 입각하여 손익계산을 실시하는 방법을 말한다. 수익이란 경영활동의 결과에 따라 창출된 재화나 용역을 뜻하므로 생산적 급부의 완성에 의하여 수익의 발생이 인식되어야 하며, 비용은 생산활동을 위하여 직·간접으로 감소 또는 희생된 경제적 가치를 뜻하므로 재화의 사용 또는 소비에 의하여 비용의 발생이 인식되어야 한다.

　　㉣ 특징 및 장점

　　　　㉮ 회계의 투명성 보장과 미래사업계획을 구상할 수 있어 성과주의 예산과 산출예산제도에서 적용하는 개념이다.

　　　　㉯ 현금이 아닌 자산의 변동을 알 수 있지만 관리와 예측에 따른 회

계 담당자의 주관적 판단이 크게 개입된다.

    ㉲ 차변과 우변이 일치해야 장부정리가 종료되므로 오류를 쉽게 발견할 수 있는 자기검증기능을 가지고 있다.

    ㉳ 우리나라의 공기업과 일반기업이 사용하고 있으며, 일반 정부조직에 적용하려는 계획을 가지고 있으며, OECD 선진국가들이 주로 채택하고 있다.

    ㉴ 자산의 유지, 보수, 연금, 부채, 임대계약 등 미래에 지불해야 하는 자금에 대한 정보를 제공해 주고 통제를 용이하게 한다.

ㅁ 단점

    ㉮ 관리에 시간과 비용이 많이 들고 공공부문의 자산적 특성(무형성)으로 정확한 자산가치 파악이 쉽지 않아 자산에 대한 정보왜곡이 발생할 수 있다.

    ㉯ 현재의 현금흐름을 알 수 없고, 미래의 자산변동이므로 정확한 상황예측의 어려움이 있다. 즉, 채권의 발생 시점에 수익을 기록하지만, 모든 채권이 다 징수 가능한 것은 아니기 때문에 수익의 과대평가가 이루어질 가능성도 있다(부실채권, 어음 등).

(4) 수정현금주의와 수정발생주의

① 수정현금주의

    ㉠ 출납정리기간의 현금의 입출금을 포함하여 당해 회계연도 결산에 반영하는 것을 말한다.

    ㉡ 단기적 재무자원의 변동을 측정대상으로 한다.

    ㉢ 장기적 재무자원의 변동상황 파악이 곤란하며, 현행 출납정리기한 및 조상충용제도를 적용하고 있다.

② 수정발생주의

    ㉠ 발생주의와 같이 거래가 발생한 시점으로 인식하되 적용의 대상은 유동자산 또는 유동부채의 변동이다.

ⓛ 채무를 중심으로 수입은 현금주의를 적용하고 지출은 발생주의로 기록, 보고, 처리하는 방식이다.

ⓒ 고정자산과 장기차입금, 장기미지급금 등 고정부채의 변동상황을 파악하기 어렵다.

③ 채무부담주의: 채무부담이 발생한 시점을 기준으로 기록, 보고하는 방식으로 물품구매나 공사 등 주문이나 계약에 유용한 제도이다.

<우리나라의 회계제도의 문제점>

정부회계제도의 문제점	주요 원인	개선방향	기대효과
① 정부재무제표 미작성 ② 자산과 부채의 누락	① 단식부기, 현금주의 ③ 정부회계기준 부재	① 복식부기(통합회계) ② 통합재무제표 작성	재정상태의 총체적 파악
소관별·사업별 등 다양한 관점의 성과측정 한계	① 현금주의 ② 원가계산의 부재	발생주의	① 서비스원가 정보의 제공 ② 재정운영의 성과측정
회계정보의 낮은 신뢰성	자기검증과 회계 간 연계성 분석기능의 결여	① 대차평균에 의한 기록 ② 계수 간의 연계성	회계정보의 신뢰성·투명성 증대

자료: 권수영

05 예산의 분류

1. 의의 및 개념

(1) 의의

① 과거와 달리 현대국가는 정부의 예산규모가 방대해짐에 따라 이를 체계적으로 분류하여 정부 활동의 이해와 각 부처 간의 예산 비교, 예산을 합리적으로 운영해야 할 필요성이 대두되었다.

② 국민의 의식수준의 질적 향상과 행정수요의 다변화는 예산의 목적, 예산의 주체, 예산의 경제적·사회적 기능 내지 영향, 정부활동 등을 파악할 수 있는 수단 강구의 필요성과 정부 자체에서도 정부활동의

형태와 구조 분석에 필요한 정보를 제공해 준다는 것을 인식하게 되었다.

(2) 개념

① 예산의 분류란 정부예산(세입과 세출)을 정확하게 파악하고 관리할 수 있도록 일정한 기준에 따라 유형별로 나누어 놓는 것을 말한다.
② 예산의 종류로 일반회계와 예산과 특별회계예산이 있다면 일반회계예산 안에서 예산을 조직, 기능, 품목, 성과 등의 기준 중에서 어떤 기준으로 어떻게 구성할 것인가를 분류해 놓은 것이 예산분류이다.

2. 목적 및 필요성

(1) **사업계획 수립과 예산심의 용이**: 정부입장에서는 사업계획의 수립이 용이하며, 국민과 의회에서는 예산심의 및 통제를 용이하게 한다.
(2) **예산집행의 효율화**: 사업담당자가 예산집행의 대상과 목적, 예산액을 정확히 인지함으로써 예산집행의 효율성이 증진된다.
(3) **자원의 효율적 배분**: 분류기준이 세부적인 것보다는 포괄적일 때, 예산의 신축성으로 사업 우선순위 등을 고려한 자원의 효율적 배분이 가능해진다.
(4) **경제적 효과분석의 용이**: 국민경제에 미치는 영향분석괴 재징을 바낭으로 한 경제정책 수립에 도움을 준다.
(5) **회계책임성 부여 및 명확화**: 관료들에게 예산집행상의 회계책임을 부여하고 회계검사도 용이해진다. 특히 품목별 분류는 예산의 목적과 용도 등이 정해져 있기 때문에 더욱 그러하다.

3. 예산분류의 기준

(1) 조직별 분류

① 조직체별 분류는 예산을 부처별·기관별·소관별로 분류하는 제도이다.

② 예산의 과정, 즉 편성·심의·집행·회계감사 등 모든 예산과정의 단계가 예산주체(조직별)에 따라서 행해지는 방법이다.

③ 장·단점
  ㉠ 장점
    ㉮ 행정부에 대한 입법부의 예산 통제에 용이
    ㉯ 경비지출의 책임소재 명확
    ㉰ 효율적인 예산집행이 가능하고 총괄계정에 적합
  ㉡ 단점
    ㉮ 경비지출 목적 파악 곤란
    ㉯ 사업 중심이 아닌 조직체별 지출이므로 예산의 효과나 성과 파악 곤란
    ㉰ 사업계획의 효과 및 진도 평가의 어려움
    ㉱ 예산집행에 따른 국민경제에 미치는 효과나 영향 파악의 어려움

(2) 기능별 분류

① 기능별 분류는 정부활동의 수행기능에 따라 교육비, 문화비, 방위비, 사법 및 공안비 등으로 세출예산을 분류하는 방법으로 시민이 쉽게 이해하도록 분류되었다 해서 시민을 위한 분류라고도 한다.

② 우리나라는 ㉠ 일반행정비 ㉡ 사회개발비 ㉢ 경제개발비 ㉣ 교육비 ㉤ 지방재정교부금 ㉥ 방위비 ㉦ 채무상환비 등 7대 기능으로 분류하고 있다.

③ 장·단점

　　㉠ 장점(목적)

　　　㉮ 행정수반의 정책방향 설정과 수립을 용이하게 하고

　　　㉯ 입법부의 예산심의를 용이하게 한다.

　　　㉰ 정부활동 및 정부의 예산에 대한 정보를 국민에게 제공 가능(시민을 위한 분류)

　　　㉱ 장기간의 연차적인 정부활동 분석에 효과적

　　　㉲ 정부활동의 파악이 가능하고 정책효과에 따른 정부 간 비교분석이 용이

　　㉡ 단점

　　　㉮ 조직별로 구분되어 있지 않고 포괄적인 분류이므로 책임의 불명확(집행주체의 구분 불명확)

　　　㉯ 예산의 배분에 융통성은 있으나 입법부의 효율적인 통제의 곤란

　　　㉰ 중복기능이나 사업에 따른 정부예산의 비효율성 초래

　　　㉱ 공공사업은 별개의 것으로 취급하지 않고 반드시 정부기획과 연관되어 시행하려고 한다.

(3) 품목별 분류

① 예산의 품목별 분류(classification by the objects of expenditures)란 정부의 예산으로 구입하고자 하는 재화와 용역의 종류를 기준으로 예산내용을 분류하는 것으로 '지출대상별 분류 또는 성질별 분류'라고도 한다.

② 정부가 쓰는 재화나 물품의 구입과 국민에 대한 용역(서비스)을 제공하기 위해 사용되는 예산을 그 대상별로 분류하는 것으로서 가장 전통적인 분류이자 통제 중심적, 입법부 우위의 분류이다.

③ 우리나라의 예산과목 중 '목(目)'이 품목별 분류에 해당되며, 성과주의 예산 도입의 필요성을 부각시키는 예산분류이기도 하다.

④ 장·단점

ㄱ 장점

㉮ 민주적(정치적, 민중) 통제 용이: 세출예산에 대한 행정재량권의 제한과 입법부(국민)의 통제가 용이

㉯ 회계책임의 명확과 회계감사의 능률성 증진

㉰ 입법부 우위의 예산으로서 국민의 권리 수호

ㄴ 단점

㉮ 정해진 품목 이외의 지출이 불가하므로 예산집행의 신축성 저해

㉯ 정부활동 및 사업의 전체적인 파악이 불가능하며 사업계획의 성과 및 진척도 파악 불가

㉰ 예산집행상의 재량권의 한계로 행정부의 창의적이고 자발적인 활동 제한

㉱ 예산분석이 이루어지지 않은 예산편성으로 예산의 증액 현상 초래

㉲ 행정기관에 총괄계정 적용의 부적절

(4) 경제성질별 분류

① 경제성질별 분류란 세입·세출예산이 국민경제에 미치는 전제적인 영향을 파악하기 위한 분류방법이다(국민경제: 생산, 소득, 소비, 투자, 저축 등).

② 경제활동에 전반적으로 미칠 정부의 경제정책(금융통화정책·경제성장 및 안정 등)의 수립에 유용한 자료를 획득하기 위한 것이며, 단독적인 분류는 효율성이 없으므로 다른 예산분류와 병행하고 있다.

③ 세입·세출예산을 경상계정과 자본계정으로 구분한다.

④ 장·단점

ㄱ 장점

㉮ 정부예산과 국민경제와의 상관관계에 따른 영향 파악이 가능

㉯ 경제정책·재무정책수립이 용이하다.

㉰ 경기변동 파악과 조절에 유용

ⓛ 단점

㉮ 정부예산으로 인한 경제적 영향의 일부 파악에 불과

㉯ 정부가 지출하는 정부 전체의 영향 파악에 한계

㉰ 분류대상 자체가 정책결정 수준의 분류이지(특히 경제정책결정자) 전 공무원에게 활용하기에는 부적합(이 점은 품목별 분류와 상반된 분류)

㉱ 단독적인 분류는 많은 부분의 정부활동을 표현해 주지 못하므로 다른 분류와의 연관이 필수

(5) 기타 기준에 의한 분류

① 사업계획별 분류

㉠ 사업계획별 분류란 각 부처의 업무를 구체적으로 몇 개의 사업계획(프로그램별, 프로젝트별)으로 나누어 예산을 배분하는 방법이다.

ⓛ 장·단점

㉮ 장점: 예산요구서 작성에 필요한 기반을 제공해 주고, 예산편성 및 심의에 용이하다. 사업별로 집행이 가능하므로 집행의 신축성도 도모한다.

㉯ 단점: 사업계획에 따른 성과 또는 결과가 나타나야 하며, 부처별 중복사업이 많이 발생하기도 한다.

② 활동별 분류

㉠ 활동별 분류란 사업계획별 분류를 더욱 세분하여 구체화한 것이다.

ⓛ 회계업무, 예산집행 등의 내용을 사업과 관련하여 파악하는 데 유용하다.

ⓒ 미국과 같이 PPBS를 잘 활용하고 있는 나라에서 많이 활용되며, 계획예산제도와 연관하여 예산을 관리하고 집행의 신축성을 기할 수 있다.

06 중앙예산기관

1. 의의

(1) 개념

① 협의의 개념으로 중앙예산기관이란 정부예산의 편성, 관리, 집행의 통제를 담당하는 중앙부처의 기관이다.
② 광의의 의미로는 정부예산의 편성, 사정, 배정, 관리, 집행 등의 책임은 물론 국가의 재무관리와 경제 및 물가정책, 화폐, 국고, 정부회계, 관세 등 국가재무 전반에 걸친 분야를 담당하는 기관을 말한다.
③ 우리나라의 중앙예산기관은 유형상 중간형으로서 정부부처 15부의 하나인 기획재정부이다.

(2) 기능

① 국가재무관리 및 물가정책, 화폐, 국고, 정부회계, 관세관리기능
② 예산편성 및 관리, 계획기능: 국가목표 달성을 위한 각 정부부처 사업의 예산편성을 비롯하여 합리적인 자원배분과 관리, 계획, 집행을 담당하는 기능을 한다.
③ 국회에 대한 예산안 제출기능: 국민과 입법부의 의사를 반영하여 정부의 예산안을 종합·편성하여 국회에 제출하는 기능을 가진다.
④ 국민에 대한 보고 및 정보제공기능: 정부의 재무상황과 정책방향을 국민에게 보고하고 관련 정보를 제공하는 기능을 한다.
⑤ 행정수반에 대한 기능: 예산운영 전반에 걸친 대통령의 업무를 보좌한다.

2. 중앙예산기관의 위치

(1) 행정수반직속형(대통령 직속기구)

① 행정수반의 참모기관으로서 행정수반의 효과적인 관리수단의 역할을
수행하는 유형이다.
② 대통령 중심제적 국가에서 많이 적용하고 있는데, 미국이 대표적인
예로서 행정관리개선과 법제업무를 담당하는 참모의 역할을 종합적으
로 수행하도록 하여 능률성을 강조하고 있다(OMB, 관리예산처).

(2) 재무부형(재무부 소속기구)

① 세입기능을 가진 재무부에 소속된 기관의 형태를 말한다.
② 세입과 세출을 유기적으로 연계시키고, 예산운영과 재정정책과의 연
계운영이 가능하다.
③ 일반적으로 내각책임제 국가에서 채택되고 있는데, 우리나라는 분리
되어 있다(세입은 재정경제부, 세출은 기획예산처).

(3) 기획기관형

① 국가발전기획과 예산의 유기적 연계를 목적으로 예산기관의 소속을
중앙기획기관에 두는 유형이다. 즉, 기획기관과 예산기관의 소속이 연
계 또는 동일해야 한다는 것이다(발전도상국형).
② 기획과 예산의 일치는 매우 중요한 의미를 가지는데, 아무리 좋은 국
가발전기획도 예산이 따르지 않으면 수행이 불가능하기 때문이다(사
업기획 수행에 따르는 예산지원이 관건).
③ 우리나라와 같이 행정수반형 또는 재무부형도 아닌 형태로서 중앙예
산기관의 소속이 국무총리실에 있는 유형이다(중간형 또는 혼합형).
과거 기획예산위원회와 예산청을 통합한 국무총리 소속의 기획예산처

(예산실)에서 이명박 정부의 조직개편에 따라 재정경제부와 기획예산
처를 통합한 기획재정부로 개편되었다.

3. 우리나라의 중앙예산기관

(1) 설립목적

예산기획처는 예산정책, 편성 및 집행의 관리, 중장기 재정운용계획의 수
립, 기금정책과 재정개혁에 관한 사무를 관장하기 위해 설립되었다.

(2) 설립연혁

① 1948. 11~1955. 2: 정부수립과 동시에 총리실 소속기관으로 기획처
   출범
② 1955. 2: 예산업무를 재무부 예산국(4과)으로 이관
③ 1961. 7~1994. 12: 경제기획원
④ 1994. 12~1998. 2: 재정경제원
⑤ 1998. 2~1999. 5: 기획예산위원회, 예산청
⑥ 1999. 5. 24: 기획예산처 발족
⑦ 2008. 2: 기획재정부로 통합(기획예산처와 재정경제부)

재정경제부(과거)

1. 임무

중앙행정기관의 하나. 경제정책의 수립, 화폐·금융·정부 회계·외국환·경제협력 및 국유재산의 관리 따위에 관한 사무를 맡아본다.

2. 연혁

1948년 7월 17일 재무부로 설립

2008년 2월 29일 재정경제부와 기획예산처를 통합, 기획재정부로 개편. 재정경제부의 금융정책 기능은 금융위원회로, 경제자유구역기획과 지역특화기획 기능은 지식경제부로 이관.

기획재정부(企劃財政部, Ministry of Strategy & Finance)

1. 임무 및 소개

대한민국의 경제정책을 기획·총괄하고 조세·외환에 대한 정책을 세우며, 국고와 국유재산을 관리하고, 재정정책과 국가재정 운용계획의 수립, 예산의 편성 및 기금 운용 계획안의 협의 조정, 예산과 기금의 집행 및 성과의 관리, 재정 혁신과 공공 혁신에 관한 사무를 담당하는 부서이다. 장관 밑에 옛 재정경제부 업무를 담당하는 제1차관과 과거 기획예산처 업무를 맡는 제2차관이 있다. 주소는 경기도 과천시 관문로 88번지 정부과천청사 1동에 위치해 있다.

2. 조직과 업무

(1) **경제정책국**: 중·장기 경제사회발전방향 및 연차별 경제정책방향의 수립과 총괄
(2) **정책조정국**: 주요 경제정책의 총괄 조정
(3) **국고국**: 국고, 국유재산, 정부회계, 국가채무에 관한 정책의 수립과 관리 총괄
(4) **국제금융국**: 외국환 및 국제금융에 관한 정책의 총괄
(5) **경제협력국**: 대외 관련 및 남북경제교류협력 장단기 경제정책의 개발·기획·입안 및 조정
(6) **세제실**: 조세정책 및 연도별 세입의 기획·입안 및 총괄·조정
(7) **예산실**: 예산정책 및 연도별 세출의 기획·입안 및 총괄·조정

07 정부구매기관과 구매행정

1. 의의

(1) 개념

구매행정이란 행정기관이 기능을 수행하는 데 소요되는 제반 소모품, 비품, 시설, 물자 등을 구입하여 적량을 각 행정기관에 적기적소에 공급하도

록 하는 체계적인 절차가 수반되는 행정을 말한다.

(2) 구매행정의 중요성

① 필요한 물품이 신속하고 적기에 공급되어 행정기능과 사업수행의 원활화를 기해야 한다.
② 구매행정의 능률성 추구로 예산 절약에 기여한다.
③ 구매를 통한 국내시장의 활성화를 도모하여 국가경제의 발전에도 기여할 수 있다.

(3) 중앙구매행정기관

① 미국의 중앙구매기관: 1949년 대통령 직속하에 연방조달청(GSA)을 설치·운영하였다.

② 우리나라의 중앙구매기관
  ㉠ 1961년 경제기획원 산하에 조달청이 설치·운영되었으며, 2008년 이명박 정부의 조직개편으로 현재는 기획재정부 소속기관이다(정부형 공기업).
  ㉡ 군수품을 제외한 정부의 모든 물자에 대하여 구매공급 관리에 관한 사무와 정부의 주요 시설공사계약에 관한 사무를 관장한다.
  ㉢ 조달청의 구매업무의 구분은 내자와 외자구매업무로 나누고, 내자구매는 다시 저장품목 구매와 비저장품목의 구매로 구분한다.

2. 구매제도

(1) 집중구매와 분산구매의 개념

① 집중구매제도: 중앙구매기관이 일괄 구입하여 각 행정기관에 월 또는

분기별로 공급하여 주는 제도를 말한다.

② 분산구매: 각 행정기관은 필요한 재화에 대한 예산을 배정받아 직접 현지에서 구입하는 제도를 말한다.

(2) **집중구매의 장점**(반대는 분산구매의 단점)

① **구매사무의 전문화와 능률화**: 구매전문기관이 구매업무에 관한 전문적 지식으로 구매업무의 전문화와 기술화, 능률성을 높인다.

② **물품규격의 표준화**: 구입물품의 표준화와 규격통일이 가능하다.

③ **예산절약**: 구매업무의 일원화, 다량구매에 의한 단가할인 등으로 예산을 절약할 수 있다.

④ **구매행정의 통제 용이**: 구매업무의 일원화와 규정된 절차에 의거 구매행정이 이루어지므로 구매행정의 통제 용이로 구매담당자의 부정, 부패를 방지할 수 있다.

⑤ **구매성책의 수립과 경제발전에 긍정적 효과**: 장기적 구매정책의 수립이 가능하며, 국민경제 발전에 도움을 준다.

(3) **집중구매의 단점**

① **대기업에의 편중과 정치적 영향**: 대량공급이 가능한 대기업에 편중된 계약과 구매가 이루어지고 정치적 영향이 계약에 연계되어 부패가 발생할 수 있다.

② 적기공급, 적재공급의 곤란: 중앙구매기관의 구매과정은 매우 복잡하고 시간이 많이 소요되므로 실제 수요기관에 대한 적기공급이 용이하지 않다.

③ 실 소요행정기관의 특수품목 공급의 문제: 특정부처 또는 부족한 물품에 대해 정확한 파악을 기초로 공급이 이루어지지 않고 획일적인 공급을 하기 때문에 비효율적이다(반면 분산구매는 지역에 나가 필요한 물품을 필요시에 구입할 수 있는 장점이 있다).

④ 구매절차의 신속성과 신축성의 결여: 중앙구매기관의 관료제적 특성으로 매 절차의 법적 적용 등으로 구매활동의 신속성, 신축성이 저해된다 (구입품목은 규정화되어 제한).

⑤ 지역경제발전에 저해: 단순구매는 직접 지역생산 라인과 연계되어 지역경제에 도움을 주지만 집중구매는 대기업 위주의 구매이다.

3. 우리나라 조달청의 구매업무

(1) 내자구매의 개념

내자란 국내에서 생산 또는 공급되거나 국내자본으로 구매하는 물품 및 용역을 말한다.

(2) 내자구매 조달요청 및 대상범위

① 조달청 구매
　　㉠ 7천만 원 이상의 물품 및 용역: 임차, 대여 포함
　　㉡ 제외 물품: 음식료품류, 동식물품류, 무기 등 총포류, 화약류와 그 구성품, 차량용 유류

② 수요기관 구매

　　㉠ 7천만 원 미만의 물품

　　㉡ 긴급 구매물자

　　㉢ 지방자치단체장이 관할 소재업체로부터 구매하는 것이 유리한 경우

　　㉣ 물자의 특성, 수요시기, 시장여건 등 조달청장이 위임한 경우

(3) 계약방법별 분류

① **경쟁계약**: 불특정 다수의 입찰희망자를 경쟁입찰에 참가토록 한 후 그 중에서 국가에 가장 유리한 조건을 제시한 자를 선정하여 계약을 체결하는 방법이다.

　　㉠ 일반경쟁: 입찰방식의 기본원칙을 적용하는 방식

　　㉡ 제한경쟁: 계약의 목적, 성질 등에 비추어 필요한 경우 경쟁참가자의 자격을 일정한 기준에 의하여 제한하여 입찰케 하는 방법

　　㉢ 지명경쟁: 기술력·신용 등에 있어서 적당하다고 인정하는 특정 다수의 경쟁입찰참가자를 지명하여 입찰케 하는 방법

② **수의계약**: 경쟁입찰에 부치지 않고 특정의 상대를 선정하여 계약을 체결하는 것으로서 특수 목적을 위하여 예외적으로 인정하여 계약을 체결하는 경우이다

(4) 주요 낙찰자 결정제도

① **적격심사제도**: 입찰자의 계약이행능력을 심사하여 일정 수준 이상의 평점을 받은 우량업체를 낙찰자로 결정하는 제도로서 덤핑입찰에 의한 낙찰 예방, 계약이행의 신뢰성 확보, 업체의 경영합리화 및 품질향상 유도

② **종합낙찰제**: 입찰가격 외에 품질·성능·효율 등을 종합적으로 고려하여 가장 경제성 있는 가격으로 입찰한 자를 낙찰자로 결정하는 제도로서 최저낙찰가제도의 단점을 보완한다.

⑸ 기타 제도

① 리스계약제도: 리스이용자가 선정한 특정 물건을 리스회사가 취득하거
나 대여받아 리스이용자에게 일정기간 사용하게 하고, 그 기간 동안
정기적으로 일정대가를 분할하여 지급받는 제도(물품구매 예산 확보
가 불가능한 경우 등에 이용)
② 단체수의계약제도: 중소기업의 판로지원 및 육성을 위해 정부 등 공공
기관이 중소기업협동조합과 수의계약을 통하여 물품을 구매하는 제도
③ 특정조달계약(국제입찰): 정부조달협정 및 이에 근거한 국제규범에 따
라 재정경제부장관 또는 행자부장관이 고시하는 금액 이상의 물품 및
공사용역계약으로서 정부조달협정 가입국적의 외국인과 내국인을 대
상으로 국제입찰에 의하여 계약하는 제도

08 기획과 예산

1. 기획과 예산의 개념

⑴ 개념

① 기획은 국가의 목표를 달성하기 위한 활동의 지침으로서 미래지향적
인 준비를 말하며, 예산은 기획을 실현하는 수단이며, 세입·세출에
관한 재정계획이다.
② 아무리 합리적이고 바람직한 계획이 성립되더라도 예산이 주어지지
않으면 실천에 옮길 수도 없으므로 상호 유기적인 연계가 매우 중요
하다(계획기구와 예산기구와의 일치 또는 연계의 필요성).

(2) 기획과 예산의 괴리요인

① 계획기구와 예산담당기구와의 이원적 구조
② 업무내용 및 업무담당자의 의견차이
　　㉠ 기획의 속성: 장기적, 미래지향적, 변동 지향적, 추상적, 이상적 성향
　　㉡ 예산의 속성: 단기적, 구체적, 현실 지향적 성향
③ 통제 중심적 예산제도상의 문제와 예산의 부족 문제

(3) 극복방안

① 계획기구와 예산기구와의 일치 또는 연계 강화
② 두 기구 간의 인사교류 제도화
③ 예산배분의 정당성 확보를 위한 계획의 실현가능성 증진
④ 통제 중심에서 성과 및 계획과 관리중심적 예산제도로의 개혁

예산과정

01 예산과정

1. 의의

(1) 개념

① 일반적으로 예산과정은 예산의 편성, 예산의 심의, 예산의 집행, 회계검사의 4단계가 순환적이고 반복적인 과정을 말한다. 예산과정에 참여하고 있는 참여자들의 상호작용관계를 공식화해 놓은 것이다. 여기에는 제도적·절차적 측면과 동태적·활동적 측면이 동시에 포함되어 있다.

② 예산편성에서 심의·의결·집행을 거쳐 회계검사를 통한 책임면제에 이르는 일련의 과정들을 예산과정(budget process) 혹은 예산순환(budget cycle)이라 부른다.

③ 예산편성과 예산집행은 일반적으로 행정부의 소관사항이며, 예산의 심의·의결은 입법부 소관사항이다. 그리고 마지막 단계인 회계검사는 각 나라마다 차이가 있는데, 미국의 경우는 대통령 소속이 아닌 의회 소속의 회계검사원이 담당하지만, 우리나라는 대통령 직속기구인 감사원이 담당하고 있다.

⑵ 예산과정의 중요성

① 공공부문과 민간부문 간의 자원배분 기능: 국가의 전체 발전을 위한 예
   산의 합리적·효율적 배분이 매우 중요하다. 즉, 국가의 사업계획 달
   성과 민간부문의 건전발전을 위한 효율적 예산배분의 절대성은 절실
   하다.
② 세입·세출의 균형유지 기능: 세입은 주로 국민의 세금징수를 통해 이
   루어지기 때문에 세입과 세출의 균형성을 제고해야 한다. 즉, 무리한
   세금징수와 세출의 비효율성은 예산의 의의와 목적 등에 위배되어 정치
   적인 문제까지도 야기할 수 있는 것이 국가예산이기 때문에 중요하다.
③ 정부의 각 기관 및 주요기능에 대한 자원배분 기능: 정부의 모든 사업과
   활동은 예산을 통해 이루어지기 때문에 예산의 배분은 능률성·효율
   성·합리성 등이 제고되어야 한다.

⑶ 예산과정의 성격

① 정치성: 예산과정은 가치배분(재원, 예산의 배분)을 둘러싼 정치투쟁과
   정으로서 다양한 이해관계가 조정되는 정치적 성격을 지닌다. 즉, 정
   부 각 부처의 예산확보경쟁과 정치집단 및 이해집단들의 요구가 표출
   되고 종합되는 정치과정이다(우리나라의 예산결정방식은 여야 정당 간
   의 갈등, 협상, 조정을 통한 점증주의적 예산결정방식이라 할 수 있다).
② 합리성: 예산과정은 한정된 자원의 합리적 배분에 관한 의사결정과정
   이며, 목표 달성을 위한 자원배분의 정책결정과정이다.
③ 동태적 성격: 예산과정에는 여러 가지 복합적인 요인이 작용하는데,
   특히 경제상황 변화 등 여러 요인 변동에 따라 신축성과 동태성을 가
   지고 있다.
④ 순환성: 예산과정은 법률적으로 회계연도에 따라 주기적, 순환적으로
   반복되는 과정으로서 국가마다 회계기간을 달리하고 있다.

(4) 예산과정의 환경과 참여자(최창호)

① 환경

　㉠ 외부적 환경

　　㉮ 정치적 요인: 정치이념, 정부구조, 정당구조, 정치문화, 선거 등

　　㉯ 경제적 요인: 산업구조, 경제규모, 고용구조, 인플레이션, 외채규모

　　㉰ 사회적 요인: 도시화, 산업화, 인구구조, 직업구조, 교육수준, 생활수준, 국민욕구수준, 주택 및 도로, 환경, 위생, 교통 등

　　㉱ 재정적 요인: 조세체계, 세율, 조세부담률, 면세 등 조세제도, 인건비, 방위비, 교육비, 지방교부금 등 경직성 경비

　㉡ 내부적 환경

　　㉮ 법률체계: 정부조직법, 예산회계법, 공무원관계법, 행정절차법, 정보공개법, 민원사무처리법 등

　　㉯ 예산제도: 예산의 종류, 예산의 분류형태, 예산원칙, 예산기법, 예산제도 개혁의 도입 등

　　㉰ 사업성격: 정상적 사업, 일시적 사업, 정책사업, 특수사업, 계속사업, 일반사업 등

　　㉱ 행정관리구조: 정책결정, 정보관리체계, 의사전달체계, 조정체계, 심사분석, 통제체계 등

② 참여자

　㉠ 행정수반: 국가의 전반적 정책결정의 최고책임자로서 예산의 편성과 집행의 최종 책임자이다.

　㉡ 중앙예산기관: 국가예산의 정책 및 관리기관으로서 예산에 관하여 행정부를 대표하며 예산과정을 실질적으로 관리한다.

　㉢ 행정 각 부처: 예산안을 편성하여 중앙예산기관에 요구하고 입법부가 심의해 준 예산을 집행하는 구체적이고 실질적인 예산기관이다.

　㉣ 회계검사기관: 행정부의 예산집행을 검사하고, 그 적부를 판정하여 결산 및 익년도 예산편성 심의 시 자료를 제공한다.

ⓜ 입법부: 예산을 심의하고 확정하며 예산의 집행결산을 확인하는 예산 통제 기관이다.

ⓗ 정당: 입법부의 예산심의와 결산확인에 참여하고 행정부의 예산편성에 영향력을 행사하는 정치조직이다.

ⓢ 이익집단: 예산과정에 비공식적 참여자로서 특수 이익을 목적으로 예산편성에 실질적으로 큰 영향력을 주고 있는 사회조직이다.

2. 예산결정에 대한 관점

(1) 의의

① 예산결정이론이란 정부가 환경으로부터 자원을 동원하여 행정기관 또는 정책과 사업에 배분하는 데 있어 적용되는 기준이나 절차를 의미한다.

② 예산과정은 정치가, 정책분석가, 공무원, 이해집단, 국민 등 다양한 사람들의 이해가 상호 작용하는 복잡한 정책과정인 동시에 정치과정을 거친다. 따라서 이러한 결정을 도와줄 결정이론이나 분석기법이 필요한 것이다.

③ 예산결정이론은 독립적인 학문이기보다는 다양한 인접 학문의 교차점에 위치하고 있으며, 여러 학문적 관점에 따라 통합된 이론을 도출하기 어려운 특성을 가지고 있다.

(2) 예산결정의 방식

① 미시적 예산결정: 각 정부부처의 예산요구로부터 시작하여 아래로부터 예산을 결정해 올라가는 방식

② 거시적 예산결정: 중앙예산기관과 행정수반이 예산편성의 주도권을 장악하여 위에서 아래로 내려오는 예산편성방식

(3) 예산결정에 관한 이론

① 합리모형(합리주의 예산, 총체주의적 결정이론): Hitch, Shick, Novick
  ㉠ 예산의 합리적 배분을 추구하기 위한 관리과학적 분석기법을 사용하는 이상적이고 규범적인 이론이다(정책결정의 합리모형의 특징 참조).
  ㉡ 경제적 합리성을 강조하며, 목표와 수단이 분리한 목표수단분석 실시
  ㉢ 계획예산제도(PPBS)와 영기준예산(ZBB)이 해당한다.
  ㉣ 과학성을 강조함으로써 재원의 합리적 배분과 대안선택에 도움을 주지만 분석 과정의 복잡성과 예산의 정치적 성격, 재무상의 매몰비용과 같은 현실여건을 고려하지 않는 비현실적 모형이다.

② 점증모형(점증주의 예산, 점증주의적 결정이론): Lindblom, Wildavsky
  ㉠ 예산결정은 합리모형과 같이 과학적 분석과 경제적 합리성을 추구하기보다는 정치과정을 통해 예산배분이 이루어진다. 정치적 과정의 예산결정은 기득권의 인정과 타협과 조정으로 예산의 증가를 가져온다.
  ㉡ 총체적 분석이 아닌 현재 상태에서 여건상 분석 가능한 몇 가지 대안만을 분석하는 모형이다. 따라서 예산편성 시도 분석을 토대로 하는 것이 아니라 현재 상태에서 제한된 정보와 지식을 통해 예산을 편성함으로써 전년도에 비해 예산의 증액현상으로 자원의 낭비가 심하다(과정중심적 예산결정).
  ㉢ 품목별 예산(LIBS)과 성과예산(PBS)이 해당된다.
  ㉣ 경제적 합리성이 결여된 보수이론이며, 예산에 대한 관료의 책임감 부족과 민주성·사회적 형평성 추구에는 한계가 있다.

구분	경제원리(합리모형)	정치원리(점증모형)
목적	효율적 자원배분으로 파레토 최적달성	공정한 배분으로 사회적 균형 추구
방법	관리과학기법 적용 • 비용편익 및 체제분석	정치적 과정 – 갈등, 조정, 협상
관점	예산관리상 경제적 합리성의 문제 • 한정된 자원의 효율적 배분과 운영	예산획득과정과 주체에 대한 관심 • 정치적 현실과 기득권 인정
배경이론	총체주의(Totalism)	점증주의(Incrementalism)
원리	최적화의 원리 – 시장원리	균형화의 원리 – 게임원리
적용정책	분배정책, 신규사업에 적용 용이 • PPBS, ZBB	재분배정책, 계속사업에 효율적 • LIBS, PBS

02 예산의 편성

1. 의의

(1) 개념

① 예산편성이란 정부 각 부처가 다음 회계연도에 수행할 정책, 사업계
획 내용을 금액을 포함하여 예산편성 기준의 작성으로부터 예산안 작
성에 이르는 일련의 행위를 말한다. 즉, 행정부가 한 회계연도 동안에
수행하고자 하는 사업과 업무를 기획하여 필요한 재원의 조달과 사용
에 대하여 구체적인 내용을 결정하는 과정 및 행위이다.

② 예산편성은 각 중앙부처의 예산안 작성과 중앙예산기관에 제출하고
중앙예산기관은 각 부처의 예산요구안을 사정하고 정부 전체 예산을
종합적으로 편성하게 된다.

③ 여러 단계의 예산과정 중에서도 예산편성과정은 오늘날 강한 정치적
성격을 띠고 있으며, 정치와 행정이 밀접히 관련되어 상호작용을 하
면서 영향을 미치는 과정으로서 국회의 심의기능이 미흡한 경우에는
정당, 이익단체, 행정기관, 일반국민 간의 정치적 과정이 매우 강하게

나타나게 된다.

④ 예산편성은 원래 입법부형이 위주였으나 행정의 복잡성, 전문성, 방대한 자료의 평가능력 등을 고려하여 예산편성의 책임을 행정수반(대통령 또는 내각의 총리)에 부여하는 행정부형이 오늘날 주요한 원칙이다. 영국은 1706년 하원의 의사규칙 제정으로 최초의 행정부예산제도를 강조하였으며, 미국은 1921년 예산회계법의 제정에서, 한국은 1948년부터 행정부예산제도를 운용하여 왔다.

(2) 예산편성의 일반적 성향

① 예산편성의 중요성은 정부형태(대통령제와 내각책임제)에 따라 다르다.
② 예산결정방법에 따라 예산편성의 참여자의 폭, 분석기법의 사용 등이 다르다.
③ 예산편성은 한정된 재원의 배분이므로 제로섬게임이라 할 수 있다.
④ 예산편성에는 관련 부서 간의 정보 및 의사전달, 신뢰구축이 매우 중요하다.
⑤ 일반적으로 예산편성인력의 부족으로 과다한 업무부담을 초래하므로 사업에 대한 충분한 이해와 분석이 곤란하여 비합리적 사정이 이루어지기 쉽다.

(3) 예산편성과 의사전달

① 각 부처 내에서의 의사전달: 각 부처의 장·차관들은 자기 부처에 가능한 많은 예산을 확보하기 위해서 장·차관 그리고 기획관리실장이 주도권을 행사한다. 부처 내에서도 사업예산에 대한 조정이 이루어지기 때문에 부처 내에서의 의사전달이 원활해야 한다(부처에서 신항목을 설치하는 경우에는 대통령의 연두기자회견, 지시사항, 방책 등을 근거로 활용한다).
② 각 부처와 기획재정부 간의 의사전달: 부처와 기획재정부(예산실) 간의

의사전달의 핵심주체는 예산담당관들이다. 이들의 예산편성과정에서 상호 인간관계(학교, 인맥, 출신 등)가 성립된다. 평소부터 부처의 예산담당관 또는 각 부 예산주무관이 예산실의 예산담당관과 좋은 인간관계를 형성하고 있는 경우 예산 확보가 유리하다.

③ 내재적 및 외재적 의사전달: 내재적 의사전달이란 부·과장회의, 차관주신회의, 장관주신회의 등이 있으며 외재적 의사전달방법으로는 관련 부서의 의견 접수, 경제차관 및 장관회의, 여당과의 협의, 경제과학심의회의 및 국무회의 등이 있다.

2. 예산의 편성형식

(1) 예산총칙

① 예산총칙은 예산의 전반에 적용되는 것으로 각 회계연도별 세입·세출예산 총액, 한국은행으로부터의 차입한도액 등 회계연도 중의 예산 집행과정에 걸쳐 적용되는 총괄적 규정으로 법조문 형식을 취한다.

② 예산총칙도 예산의 일부이기 때문에 추가경정예산에 의해서만 변경이 가능하다.

③ 예산총칙에 포함된 내용
　㉠ 세입세출예산, 계속비, 명시이월비, 국고채무부담행위에 관한 총괄 규정
　㉡ 국채 또는 차입금의 한도액
　㉢ 재정증권의 발행과 일시차입금의 최고액 등

(2) 세입·세출예산

① 세입·세출예산은 예산내용 중에 가장 중요한 핵심으로 한 회계연도의 모든 수입과 지출 예정액이 구체적으로 표시된 것이다.

② 국가의 정책이나 사업계획 및 경비 소요내역 등이 모두 이 세입·세출
예산과 연관되어 운용된다(완전성, 포괄성의 원칙 적용, 총계예산주의).
③ 세입예산은 세목별, 중앙관서별로 구분하며, 국세수입과 세외수입으로
분류된다. 국세수입은 내국세, 관세, 목적세 등으로, 세외수입은 국채
발행 및 차관수입 등으로 구성된다. 세출예산은 정부기능별, 기관별
로, 과목은 장·관·항으로 구분된다.

(3) 계속비

계속비란 여러 해를 필요로 하는 공사나 제조 및 연구개발사업에 소요되
는 경비의 총액과 연부액을 정하여 미리 국회의 의결을 얻어 수년에 걸쳐
지출할 수 있는 신축성의 경비를 말한다.

(4) 명시이월비

명시이월비란 세출예산 중 당해 회계연도 내에 계획된 지출액을 다 사용
하지 못할 것으로 예측될 때, 그 내용을 세입세출예산에 명시하여 미리 국
회의 승인을 얻어 다음 연도에 이월하여 사용할 수 있는 경비로서 신축성
의 방안에 해당한다.

(5) 국고채무부담행위

국고채무부담행위(國庫債務負擔行爲)란 법률에 의한 것과 세출예산금액
또는 계속비의 총액의 범위 안에서 지출할 경비 이외에 국가가 채무를 부
담하는 행위와 재해복구를 위하여 국가가 채무를 부담하는 행위로 지출하
겠다는 약속행위에 불과하며, 이에 대한 지출은 별개 문제로 국회의 승인을
받아야 한다.

3. 예산편성 절차

(1) 사업계획서 작성 및 제출(중앙관서)

매년 1월 말일까지 중앙관서의 장 또는 각 부처의 장관은 다음 연도의 주요사업에 대한 사업계획서를 작성하여 기획재정부장관에게 제출하고 기획재정부장관은 예산편성에 앞서 제출받은 각 부서별 사업계획서를 검토한다. 이때 사업계획서 작성 시 각 중앙관서에서는 국가재정법에 명시된 국가재정운용계획에 따라 5년치의 재정운용계획을 작성하여 제출한다.

(2) 예산편성지침의 시달(기획재정부)

① 기획재정부장관은 예산편성지침 및 기준을 작성하고 이를 국무회의 심의를 거친 후 대통령의 승인을 얻어 매년 전년도 4월 말까지 정부 부처 및 중앙관서의 장에게 시달한다.
② 예산편성지침은 구체적으로 재정운용의 기본방향, 예산편성 총칙 및 세부지침 기타 예산편성상의 각종 사업내용에 대한 단위 및 단가나 예산편성상의 기술적인 사항 등을 주요 내용으로 한다.
③ 경상사무비는 표준예산액을 시달함으로써 예산요구서의 작성 및 사정에 있어서의 능률화, 합리화, 객관화를 기하기 위한 표준예산제도를 활용하고 있다.

(3) 예산요구서의 작성과 제출(중앙관서)

① 각 부처 및 중앙관서는 예산편성지침에 따라 예산요구서를 작성하여 매년 6월 말까지 기획재정부장관에게 제출하여야 한다.
② 예산 요구서는 예산서의 형식과 동일한 구분으로 작성되어야 하며 필요한 각종 서류를 첨부하여야 한다.

(4) 예산요구서의 사정(기획재정부)

중앙예산기관인 기획재정부(예산실)는 7월 초부터 9월 말까지 각 부처가 제출한 예산요구서의 사업내용을 검토하고 다음 해의 예산규모의 전망과 가용자원 여부를 고려하여 요구예산의 삭감을 실시한다.

(5) 정부예산안의 확정 및 국회 제출(기획재정부)

사정된 예산안은 국무회의의 심의를 거쳐 대통령의 승인을 얻음으로써 정부예산안으로 확정되며, 확정된 정부예산안은 회계연도 개시 90일 전까지 국회에 제출하여야 한다.

4. 우리나라 예산편성의 문제점

(1) 예산편성의 특색: 예산편성의 최종 확정기관은 기획예산처로서 한정된 예산액보다 부처의 예산요구액이 상회하기 때문에 대폭적인 삭감이 불가피하다. 그러나 기획재정부(예산실)가 삭감을 결정할 권리는 없으며, 각 부처와 조정을 전제로 하며 가장 중요한 것은 수입(세입)과 경비(세출)가 국민경제에 미치는 영향을 고려해야 할 것이다.

(2) 중앙부처의 예산편성의 문제점

① 예산단가의 비현실성: 예산편성 시 정확한 자료나 정보에 의하지 않고 책정된다.
② 각 부처의 예산 요구액의 가공성: 기획예산처의 예산사정 시 삭감을 고려하여 요구액의 증액 또는 여유 재원 확보 성향을 가지고 예산을 편성한다.
③ 점증주의적 예산편성 유지: 전년도 예산을 답습하는 예산편성으로 업무부

담의 경감과 예산의 확대유지라는 생리적 속성을 가지고 있다.

④ 관료의 이익추구: 공공선택론에서 사익추구에 해당하는 정부관료의 예산확대는 관료의 기득권 유지를 위한 행위이다.

⑤ 예산액 배분의 불합리성: 정부 부처 및 사업에 대한 예산배분이 비합리적이고 정치성을 많이 띠고 있다(파워게임).

⑥ 예산편성과정의 비공개성과 민중통제의 미약: 국민의 세금으로 이루어진 예산이 정부의 비공개로 이루어지고, 국민들은 정보의 비대칭성으로 세금이 어떻게 쓰이는지를 모르게 되며, 국민의 참여와 통제가 용이하지 않다.

⑦ 경직성 경비의 높은 비중으로 삭감의 어려움: 공무원 인건비, 방위비, 지방 재정교부금, 교육비 등은 매년 고정적인 지출이므로 삭감이 어려운 반면 예산의 많은 부분을 차지하고 있는 실정이다.

⑧ 기획예산처의 예산종합편성의 경우 사업의 중요성 검토보다는 삭감 위주의 예산사정을 하고 있는 현실이다(특히 예산요구액의 가공성의 영향).

⑨ 사업의 중복투자 및 부처 간 영역경쟁의 치열: 예로서 IT(정보기술)와 BT(생명공학)부문, 생물산업 핵심기술개발체제 구축사업은 과학기술부 G7신기능 신생물소재 사업, 농림부 농림기술사업, 복지부 복지의료기술진흥사업 내 제품화 사업과 유사, 과학기술부의 핵심 BT고급인력 재훈련사업의 경우도 농촌진흥청의 농업생명공학 기술개발사업, 21세기 프런디어 개발사업 등과의 상당 부분 중복 발생.

1. 의의

(1) 개념

① 정부(중앙 및 지방정부)가 제출한 예산이 국가 혹은 지방자치단체가 현재 및 미래 문제의 해결을 위한 예산이 효과성과 효율성을 모색하여 편성되었는지를 의회(국회 혹은 지방의회)가 심의하는 것이다.

② 예산은 국민의 세금으로 이루어진 재원이므로 국민의 세금이 합리적·최적 배분과 행정수요가 잘 반영될 수 있도록 행정부를 견제하고 감시하는 행위이다.

③ 의회가 재정민주주의를 실현하기 위해 행정감독권과 재정감독권을 통하여 정부가 수행할 사업계획의 효율성을 검토하고 예산을 확정시키는 과정이다.

(2) 기능(Burkhead)

① **정책 및 사업계획의 검토기능**: 정부의 정책과 사업계획에 대한 정당성과 타당성을 검증한다.

② **재정규모의 결정**: 지출규모의 확대는 국민의 세금부담과 직결되므로 국회가 적정한 재정규모를 정해 주어야 한다.

③ **행정관리의 통제**: 행정부 지출에 대한 전반적인 통제를 통해 국민의 세금이 낭비되지 않고 효율적, 합리적 배분이 이루어지도록 통제해 주는 기능이다.

④ **재정민주주의의 실현**: 국민의 대표기관으로서의 의회가 국민주권주의의 실현을 구현할 수 있다.

2. 각국의 예산심의제도 비교

(1) 정치구조

① 내각책임제: 다수당이 내각을 구성하고 예산안을 무수정으로 통과하는 것이 일반적이며 장관의 권한을 강력히 해 주고 있다.
② 대통령중심제: 여당이 다수당인 경우 거의 수정 없이 통과하는 경우가 대부분으로서 우리나라가 전형적이다. 만약 야당이 다수당인 경우에는 예산안의 대규모 수정이 불가피하며 심의, 확정이 매우 용이하지 않다(미국의 연방의회는 삭감, 증액, 폐지, 승인의 권한을 강력히 행사).

(2) 의회구조

① 단원제: 한국, 덴마크, 뉴질랜드
② 양원제: 미국, 영국, 독일, 일본 등으로서 상·하원에서 각각 심의하고 입법부의 대표성을 제고시키며, 입법부와 행정부 간 갈등을 제거할 수 있다(영국, 일본 등은 하원 위주의 심의를 하고 있다).

(3) 활동무대

① 본회의 중심주의: 영국(형식적)
② 위원회 중심주의: 한국, 미국, 일본, 프랑스

(4) 예산의 법적 구조

① 법률형식: 미국과 영국은 법률의 형식을 빌려 예산에 무게를 두고 있다.
② 비법률형식(예산형식): 한국, 일본의 경우로서 예산편성의 전문성과 예산집행의 책무성에 비추어 예산 편성·집행은 행정부가, 예산 심의·확정은 국회가 각각 맡음으로써 핵심 기능에 관해 이른바 임무의 분리를 통해 견제와 균형을 도모하고자 한다.

(5) 의회의 증액 권한 부여

① 증액가능 국가: 미국, 일본
② 증액불가 국가: 한국, 영국

3. 예산심의 절차

(1) 대통령의 시정연설

① 정부(기획재정부)가 예산안을 회계연도 개시일 90일 전까지 국회에 제출한 후 본회의에서 대통령(국무총리)이 시정연설을 한다.
② 시정연설의 내용은 예산안 작성에 대한 정치, 경제 등의 배경과 재정 및 정책적인 전반적 사항을 담고 있다.
③ 국민의 대표기관인 국회에 참석하여 행정수반으로서의 책임을 강조하는 절차이다.

* 국정감사: 시정연설 전에 정기국회의 집회기일의 다음 날로부터 20일간 국정감사를 실시하여 국정운영 전반의 감사결과를 예산심의에 반영시키기 위함이다.

(2) 소관 상임위원회의 예비심사

① 각 소관 상임위원회는 소관 부처예산에 대해 예비심사를 실시하고 국
  회의장에게 결과를 보고한다.
② 해당 부처의 장관이 참석하여 정책의 설명과 국회의원과의 질의, 답
  변 등에 이어서 부별심의를 한다.
③ 우리나라의 예산심의는 비상설 소관상임위원회와 상설 예산결산특별
  위원회의 이원적 구조로 되어 있다.

(3) 예산결산특별위원회의 종합심사

예비심사의 결과를 국회의장은 상설화된 예산결산특별위원회에 회부하여
종합심사를 실시한다.
① 기획재정부장관의 예산안 제안설명과 전문위원의 예산안 검토 보고
② 국무총리와 장관참석과 정책질의
③ 부별 예산안 심의
④ 예산안 조정소위원회의 계수조정(세 – 세항까지의 실질적 심사)
⑤ 예산결산특별위원회의 전체회의 후 소위원회의 승인의 절차를 거친다.

(4) 본회의의 의결 및 확정

① 본회의 의결순서는 ㉠ 정부의 예산안 설명 ㉡ 예산결산특별위원회위
  원장의 예산안 심사보고 ㉢ 정책질의 등의 순서를 거쳐 의결, 확정한
  다(형식적 심사).
② 확정예산 내용의 대외 공개자료는 ㉠ 예산개요 ㉡ 예산개요 참고자료
  ㉢ 나라살림 ㉣ 공공기금운용계획서 등으로 구성된다.

4. 우리나라 예산심의의 문제점과 개선방안

(1) 예산결산특별위원회의 구체적 내용과 문제점

① 내용

㉠ 예산결산특별위원회(예결위)는 예산안과 결산을 심사하기 위해 상설화된 특별위원회이다(국회법 제45조 1항, 2003년 국회법 개정).

㉡ 예산결산특별위원회는 소관 상임위원회의 예비심사를 거친 예산안과 결산을 심사하며 심사가 끝나면 본회의에 부의(附議)한다(제84조 1·2항). 심사한 안건이 본회의에서 의결될 때까지 존속하며(제44조 3항), 위원은 의장이 50명 이내에서 선임하되 교섭단체 소속 의원수의 비율과 상임위원회 위원수의 비율에 따른다(제48조 5항).

㉢ 특별안건의 심사를 위하여 소위원회를 둘 수 있으며(제57조 1항) 필요에 따라 소위원회를 수 개의 분과위원회로 나눌 수 있다(제57조 7항).

㉣ 전문위원·입법심의관·입법조사관 등이 국회의원들의 심의를 보좌한다.

② 예결위의 상설화 문제

㉠ 상임위원회 예비심사를 통한 소관 부처의 특정과목에 대한 증액과 삭감에 대해 예결위가 법적 구속력을 가지고 있지 못하다(예산안조정소위원회의 계수조정이 실질적 심사로서 막강한 권한 소유).

㉡ 상설 시의 제도적 보완.

㉮ 재경위의 세입예산안 심의와 예결위의 예산안 심의절차에 대한 보다 명확한 규정이 필요하다.

㉯ 국회 권한의 강화와 국민의 참여와 감시가 보장되어야 한다(계수조정의 투명성 확보, 회의록의 공개, 각계각층의 의견청취 등).

㉰ 상설화는 예결위의 권한 강화이므로 다른 위원회와의 힘의 균형을 위한 제도적 장치가 마련되어야 한다.

(2) 정치적인 문제점

① 국회위원의 예산심의에 대한 전문성 결여 및 국민의 대표로서의 책임 의식 부족
② 국민의 행정체제 투입기능의 미약
③ 예산결산특별위원회는 상설화되었으나 위원의 1년 임기로 연속성과 전문성 부족
④ 이익집단 및 지역구 예산확보를 위한 정치성향
⑤ 소관 상임위원회의 예비심사와 예산결산특별위원회 심사와의 연계성 부족
⑥ 계수조정 시의 비공개성과 심의기간의 단기성으로 심도 있는 심의의 어려움(11명의 계수조정위원들의 막강한 권한 소유로 참여한 특정 의원들의 정치적 이익에 영향을 받기 쉽다.)
⑦ 예산과 정치적 문제와의 연계(잦은 여야 간의 갈등)로 정상적인 과정과 합리적 절차 미준수(연말 날치기 통과 및 여당 단독 확정)
⑧ 예산의 과목구조도 기획예산처장관이 정하기 때문에 대규모 개발사업을 국회의 엄격한 통제를 받지 않는 세항 또는 세세항으로 분류하거나 법적 근거도 없이 과목을 창설하여 행정편의 도모

(3) 개선방안

① 예산심의의 전문성 제고를 위한 입법 및 심의에 대한 정책보좌기관의 확충
② 국민의 관심 증대와 민중통제의 강화(국회법 제58조, 제정법률안 및 전문개정 법률안을 심사할 때에는 공청회 또는 청문회를 개최하도록 의무화)
③ 혈세인 국민의 세금에 대한 중요성 인식을 위한 법적·제도적 장치 마련
④ 심의과정의 지속적 연계성으로 합리적이고 효율적인 심의 실시(예비

심사와 종합심사와의 연계)

⑤ 상임위와 예결위의 힘의 균형 유지와 예결위의 계수조정권의 일정기
준으로의 제한이 필요

예산정책처

1. 개념

국회의장 직속기관으로 심의의 전문성 강화와 예산과 정부사업에 대한 효율성과 투명성을 감시하고 평가하는 기구

2. 기능

(1) 예산안·결산·기금운용계획안 및 기금결산에 대한 연구 및 분석
(2) 예산 및 기금상의 조치가 수반되는 국회 안에 대한 소요비용의 추계
(3) 국가재정운용 및 거시경제동향의 분석 및 전망
(4) 국가 주요사업 분석평가 및 중장기 재정소요 분석
(5) 국회의 소관위원회 및 국회의원이 예산에 관한 요구 시 조사 및 분석

04 예산집행

1. 예산집행의 의의

(1) 개념

① 예산집행이란 심의된 예산을 국가(지방정부)가 지출하는 행위를 말한다.
② 일반적 의미의 예산집행은 단순히 예산에 규정된 금액을 국고에 수납
하고 국고로부터 지급하는 것뿐만 아니라, 그 원인이 되는 국고채무
부담행위 또는 지출원인행위까지를 포함하고 있다.
③ 예산은 세입과 세출로 구성되므로 예산집행의 구체적인 행위는 세입
의 징수와 세출의 지출로 이루어진다. 세입은 조세나 기타 법령에 의

한 국가의 수입을 받아들이는 것으로서 사업의 구체적인 사항과 직접적으로 관련되는 것은 아니며, 이에 반하여 세출의 지출은 사업을 집행하기 위하여 이루어진다.

우리나라의 세입 집행 절차
① 우리나라는 영구세주의를 택하고 있기 때문에 세입예산은 단순히 세출재원으로서 수입에 대한 예정적 견적에 지나지 않지만, 법률이 정하는 바에 의하여 징수 또는 수납해야 한다. 세입의 징수란 세입 조치하여야 할 금액을 조사·결정하여 이를 부담해야 할 자에게 통지하는 행위를 말하고 수납이란 납부의무자가 내는 돈을 수령하는 행위를 말한다.
② **조세법률주의**: 과세요건 법정주의, 과세요건 명확주의, 소급과세의 금지 등을 핵심내용으로 하고 있으며, 조세법률주의는 입법방식에 일년세주의와 영구세주의가 있다.
  ㉠ **일년세주의**: 국가나 지방자치단체가 조세를 부과하고 징수하기 위해서는 의회가 그에 관한 법률을 연도마다 제정해야 하는 방식
  ㉡ **영구세주의**: 의회가 일단 조세에 관한 법률을 제정하면 몇 년이든 계속 부과하고 징수할 수 있는 방식

(2) 예산집행의 중요성

① 재정민주주의 구현

㉠ 행정부는 입법부로부터 승인된 예산액의 목적과 한계 내에서 예산을 집행하여야 한다는 것이다.

㉡ 예산집행은 행정부의 지출예산에 대한 재정통제를 전제로 한다.

② 예산의 신축성과 재정통제의 조화

㉠ 예산안 확정은 미래에 대한 계획을 승인한 것에 불과하며, 미래사업 추진과 정부의 활동은 여러 가지 환경 변화에 따라 영향을 받는다. 이에 따른 예산집행의 신축성이 보장되어야 하고 집행방안을 강구해야 한다.

㉡ 예산집행상 정부운영의 능률성 보장을 위한 신축성도 필요하지만 민주성 확보를 위한 재정통제 또한 중요한 요인이므로 양자의 조화가 절실한 것이 집행상의 문제점이자 중요성이다.

2. 예산집행상의 통제수단

(1) 예산의 배정의 재배정

① 예산의 배정이란 국회에서 확정된 예산액을 기획재정부장관이 각 중
앙관서의 장에게 집행할 수 있는 금액과 책임의 소재를 명확히 하는
절차를 말한다.
② 예산의 재배정은 각 중앙관서의 장이 기획재정부로부터 배정받은 예
산액의 범위 내에서 산하기관에 월별 또는 분기별로 집행액을 다시
배정해 주는 것을 말한다.

(2) 지출원인행위의 통제

① 지출원인행위의 개념
  ㉠ 광의의 개념: 정부가 예산사용의 결정에서부터 계약 또는 기타 행위
    를 말하는데, 발생한 채무를 이행하기 위하여 지급을 명령하고 현
    금을 지급하는 일체의 행위, 즉 채무를 부담하는 행위와 부담한 채
    무를 이행하기 위하여 지급을 명령하는 행위 전부를 뜻한다.
  ㉡ 협의의 개념: 광의의 개념 중에서 채무를 직접 부담하는 행위와 지
    급 등의 행위를 제외한 행위로서 세출예산, 계속비, 채무부담행위
    등에 대하여 지출의 원인이 되는 계약 또는 기타의 행위를 말한다.

② 지출행위
  ㉠ 개념: 지출행위는 채무를 부담하는 행위에 대하여 발생한 채무를
    이행하기 위해 지급명령을 발하는 행위를 말하고, 지급은 지급명령
    이나 교부받은 자금에 의하여 직접 현금을 지출하는 행위를 말한다.
  ㉡ 행위자: 담당기관도 지출원인행위를 하는 경리관, 지출행위를 하는
    지출원, 그리고 지급을 하는 금고와 출납원으로 분립되어 그 책임
    의 귀속을 명백히 하고 있다(중앙관서는 재무관, 지방자치단체는

경리관이라 한다).

③ **지출원인행위의 통제:** 지출원인행위의 남발을 방지하기 위해 각 중앙관
서의 장은 배정된 범위 내에서 행해야 하며, 월별, 분기별로 그 내용
을 재정경제부장관에게 제출하여 통제를 받도록 되어 있다.

④ **지출원인행위 시 준수사항**
　㉠ 지출원인행위를 할 때에는 법령, 조례 및 규칙이 정하는 바에 의하
여 예산의 범위 내에서 자금의 수급을 감안해서 하여야 한다.
　㉡ 예산에 편성되어 있더라도 수익자부담경비와 같이 수입의 범위 내
에서 지출을 하여야 하는 경비는 자금의 수급을 감안한 지출원인행
위가 이루어져야 한다.
　㉢ 예산의 목적 외 사용금지 등 예산집행의 원칙이 준수되어야 하며,
이월예산의 사용과 같은 특별한 경우를 제외하고는 회계연도 소속
구분을 명확히 하여야 한다.
　㉣ 지출원인행위는 지출행위가 수반되므로 세출예산 과목이 맞는지 금
액은 적정한지 등을 고려하여야 한다.

(3) 국고채무부담행위의 통제

① 국고채무부담행위(國庫債務負擔行爲)란 정부가 법률과 세입세출 등에
의한 예산지출 이외에 국가가 별도로 채무를 부담하는 행위를 말한다
(재해보상 및 지출원인행위로 인한 채무 등).
② 국회는 정부의 국고채무부담행위가 남발되지 않도록 사전의결을 거치
도록 통제하고 있으며, 채무부담행위는 당해 연도에 발생했지만 실제
지출은 다음 회계연도 이후에 이루어지므로 예산의 신축성을 가지고
있다.
③ 예: 국가가 행하는 공법 및 사법상의 계약, 정부를 상대로 한 각종 소
송에서의 배상·보상판결, 보조금 지급의 통지 등.

(4) 공무원의 정원과 보수의 통제

행정기관의 정원과 보수의 조정은 인건비와 연관되어 예산의 증가와 밀접한 관계를 가지고 있으므로 기획재정부장관과의 협의가 있어야 가능한 재정통제의 부문에 해당한다(공무원의 정원 및 보수는 행정안전부의 승인사항).

3. 예산집행의 신축성 예산제도

(1) 예산의 이용

① 예산과목의 구성은 장·관·항·세항·목으로 이루어져 있는데, 국회의 심의대상(입법과목)인 장(章), 관(款), 항(項)의 예산액을 필요시 상호 융통하여 집행할 수 있는 제도이다(우리나라의 예산과목은 소관(조직), '장'은 기관의 기본 목표, '관'은 기능, '항'은 사업계획, '세항'은 단위사업, '목'은 사업경비 및 단순 지출비 순으로 분류).
② 한정의 원칙에 의거 원칙적으로는 불가하나 미리 국회의 의결과 승인을 득하고 기획재정부장관의 승인을 얻어 예산을 이용할 수 있다.
③ 이용(移用)에 대한 국회와 기획재정부장관의 승인이 이루어지면 기획재정부장관은 당해 중앙관서의 장 및 감사원에 이를 통지하여야 한다.
④ 행정재량으로 사용할 수 있는 전용과는 달리 이용은 입법부의 승인을 받아야 하므로 이용의 실적은 극히 미미하며, 우리나라를 포함하여 주요 국가에서 이용이 발생한 부서는 주로 국방부이다.

(2) 예산의 전용

① 예산의 전용(轉用)이란 행정과목인 각 세항(細項), 목(目) 간에 예산액을 상호 융통하여 집행을 허용하는 것을 말한다.

② 전용이 적용되는 행정과목은 입법과목이 확정된 후에 행정기관별로 집행액을 세항과 목으로 세분화하는 것이므로 국회의 승인을 받지 않고 기획재정부장관의 승인만 얻으면 전용이 가능한 제도이다.

③ 기획재정부장관이 미리 정한 범위 내에서는 전용이 가능하며, 봉급과 같은 경직성 경비와 공공요금은 전용이 불가하다.

(3) 예산의 이체

① 예산의 이체(移替)란 정부조직 등에 관한 법령의 제정, 개정 또는 폐지로 인하여 소속 및 직무와 권한이 다른 부서로 이관되는 경우 이전 부서의 예산을 받아서 집행하는 것을 말하며, 기획재정부장관의 승인을 받는다.

② 예산용도와 목적은 변동이 없으며, 다만 예산에 대한 책임소관이 변경된다.

(4) 예산의 이월(移越)

① 당해 회계연도 내에 집행하지 못할 것으로 예상되는 예산을 다음 회계연도로 넘겨서 사용하는 제도이다.

② 예산이월의 필요성
   ㉠ 회계연도 독립의 원칙의 예외로서 사업의 효과적 집행을 위함이다.
   ㉡ 회계연도의 원칙에 따라 이월이 되지 않는다면 결국 사업의 중단 등으로 발생할 예산의 낭비를 방지할 수 있다.

③ 이월의 종류
   ㉠ 명시이월: 세출예산 중 경비의 성질상 연도 내에 그 지출을 다 하지 못할 것이 예측되는 경우 미리 국회의 승인을 얻어서 다음 회계연도로 이월하여 사용하는 것을 말하며, 체차이월이 가능하다.

ⓛ 사고이월

  ㉮ 사고이월이란 회계연도 내에 지출원인행위를 하고 불가피한 사유가 발생하여 회계연도 내에 지출하지 못한 경비와 지출원인행위를 하지 못한 부대 경비의 금액을 다음 회계연도에 넘겨서 사용하는 경우를 말하며, 체차이월이 안 된다.

  ㉯ 명시이월은 국회의 사전승인을 받아야 하지만 이미 승인받은 지출원인행위에 대한 지출이므로 국회의 승인을 받지 않는다는 것이 특징이다.

(5) 계속비 제도

① 계속비는 회계연도 독립의 원칙에 따르지 않는 수년의 기간을 요하는 공사나 제조 및 연구개발사업에 소요되는 경비의 총액과 연부액을 사업 종료 시까지 매년 국회의 의결을 받는 제도이다.

② 회계연도 독립의 원칙에만 따르면 예산지원의 중단에 따른 정부 계획의 차질을 방지하기 위함이다. 따라서 연간부담액 중 당해 연도에 지출하지 못한 금액은 사업완성 연도까지 계속하여 차례로 이월하여 사용하도록 한 것이다.

③ 계속비의 사용연한은 당해 회계연도부터 5년 이내이며, 국회의 승인으로 연장할 수 있다. 전체적으로 사업예산은 국회의 승인을 받았지만 매년 지출하는 연부액에 대하여 예산편성과 국회의 의결을 받아야 한다.

④ 계속비와 마찬가지로 예산의 신축성 방안제도는 모두 한정성의 원칙의 예외로 적용되며, 계속비는 준예산의 대상이다.

(6) 예비비

① 개념
　㉠ 예비비란 예측할 수 없는 예산 외의 경비지출, 즉 예산초과지출 발생에 대비하여 사전에 준비하는 경비를 말한다.
　㉡ 예산의 신축성을 확보하기 위해 대부분의 국가가 추가예산제도 외에 예비비를 책정하고 있다. 한국의 경우 예비비는 국회의 의결을 얻어야 하고, 그 지출은 차기 국회의 승인을 얻도록 되어 있다(헌법 제55조 2항).
　㉢ 예산회계법에 의하면 정부는 예비비로서 상당하다고 인정되는 금액을 세입·세출 예산에 계상할 수 있으며(제21조), 예비비의 관리책임은 기획재정부장관이다.

② 사용절차
　㉠ 예비비의 사용이 필요한 경우 각 중앙관서의 장은 명세서를 작성하여 기획재정부장관에게 제출한다.
　㉡ 기획재정부장관은 이를 조정하고 예비비 사용명세서를 작성하여 국무회의의 심의를 거쳐 대통령의 승인을 얻어야 한다(제39조).
　㉢ 예비비를 사용한 후에 각 중앙관서의 장은 사용금액의 명세서를 작성하여 기획재정부장관에 제출하고, 기획재정부장관은 제출된 명세표에 의해 사용금액의 총괄표를 감사원에 제출해야 한다.
　㉣ 정부는 예비비를 사용한 총괄표를 다음 다음회계연도 개시 120일 전까지 국회에 제출하여 승인을 얻어야 한다(제40조).

③ 예비비 사용용도의 제한
　㉠ 국회에서 부결된 용도 또는 예산심의 시 삭감된 비목(費目)
　㉡ 국회개회 중 거액의 지출이 발생하는 경우(이때는 추가경정예산을 이용)
　㉢ 예산이 성립되기 전에 발생한 사안 및 사유 등

㉣ 공무원의 보수인상을 위한 인건비 충당(예비비의 사용목적으로 지정할 수 없음)

④ 예비비 금액: 일반예산의 1/100 범위 내에서 책정

⑤ 우리나라의 최근 현황

　㉠ 기획재정부는 예비비 본연의 취지를 살리기 위해 매년 반복적으로 사용하는 경비는 각 부처에서 적정요소를 반영해 예비비가 아닌 일반사업예산에 편성토록 했다.

　㉡ 예비비는 자연재해 등 본예산을 편성할 때 예측할 수 없는 지출에 대비해 세입·세출 예산에 계상하는 것이다. 그러나 각 부처는 공무원 해외순방경비 등 예상 가능한 항목까지 매년 예비비에서 지출해 본연의 취지가 훼손되고 있다는 지적이 있어 왔다.

　㉢ 예비비는 총액으로 의결한 후 지출 시 다음 회계연도 개시 120일 전까지 내역을 국회에 제출, 사후 승인을 얻게 된다.

(7) 국고채무부담행위

① 개념

　㉠ 국고채무부담행위란 법률, 세출예산, 계속비 등 외에 국가가 예산 확보 없이 미리 채무를 지는(부담하는) 행위를 말하며, 재정통제보다는 신축성의 성격을 더 많이 가지고 있다.

　㉡ "법률에 의한 것과 세출예산금액 또는 계속비 총액의 범위 안의 것 이외에 국가가 채무를 부담하는 행위를 할 때에는 미리 예산으로 국회의 의결을 얻어야 한다."라고 규정하고 있다.

　㉢ 동 조 제2항에서는 "제1항에 규정된 것 외에 재해복구를 위하여 필요한 경우에는 매 회계연도마다 국가는 국회의 의결을 얻은 범위 안에서 채무를 부담하는 행위를 할 수 있다."라고 규정하고 있어 국고채무부담행위의 유형을 일반적인 채무부담과 재해복구를 위한

채무부담으로 구분하고 있다(재해복구비 지원은 교부세로도 지원 가능).

ㄹ 특히, 재해복구를 위한 국고채무부담행위의 경우 관련 보고서를 다음다음 회계연도 개시 120일 전까지 국회에 제출토록 규정하고 있어 신속하고 충분한 재해복구를 위한 국고채무부담행위를 인정하고 있는 점이 특징이라 할 수 있다.

② 특징

ㄱ 국고채무부담행위에 대한 국회의 의결은 정부가 지출할 수 있는 권한까지 부여하는 것은 아니며, 다만 채무를 부담할 권한만을 부여하는 것이므로 채무부담과 관련한 지출에 대해서는 다시 국회의 승인이 있어야 지출이 가능하다(정부의 남발행위 방지를 위한 재정통제의 성격).

ㄴ 국회의 승인을 받은 국고채무부담행위에 대해서는 국회는 정부의 동의 없이 그 예산을 임의로 삭감할 수 없으며, 실제 지출은 당해연도가 아닌 다음 회계연도부터 이루어지고 수년에 걸쳐 이루어진다(자율성과 신축성 보장).

ㄷ 국고채무부담행위는 사항마다 그 필요한 이유를 명백히 표시하고 행위가 이루어질 연도 또는 상환연도와 채무부담의 금액을 표시해야 한다.

⑻ 예산의 긴급배정

① 개념: 기획재정부장관은 필요한 경우에는 대통령령이 정하는 바에 따라 회계연도 개시 전에 경비를 사전에 배정할 수 있는 제도이다.

② 긴급배정의 대상(예산회계법 시행령상의 요건)

ㄱ 외국활동에 지급하는 경비, 여비, 정보비(해외공관업무 등)

ㄴ 경제정책상 조기집행을 필요로 하는 공공사업비

ⓒ 선박의 운영 및 수리 등에 필요한 경비

ⓔ 교통, 통신이 불편한 격오지 지방행정기관에 지급하는 경비

ⓜ 각 관서에서 필요한 부식물의 매입경비

ⓗ 특수활동비(범죄수사활동에 필요한 여비 등)

(9) 대통령의 재정긴급명령권

① 내우·외란·천재지변 또는 중대한 재정·경제상의 위기발생 시 국가의 안전보장 또는 공공의 안녕질서를 유지하기 위하여 긴급한 조치가 필요한 경우에 발동한다.

② 이 경우에 국회의 의결을 기다릴 여유가 없을 때 최소한으로 필요한 재정·경제상의 처분을 하거나 이에 관하여 법률의 효력을 가지는 명령을 발할 수 있는 제도를 말한다.

⑩ 장기계속계약제도(이상호)

① 개념: 각 중앙관서의 장 또는 계약담당공무원은 임차·운송·보관·전기·가스·수도의 공급, 기타 그 성질상 수년을 요하는 계약에 있어서는 대통령령이 정하는 바에 의하여 장기계속계약을 체결하도록 하는 것이다(국가를 당사자로 하는 계약에 관한 법률 제21조).

② 경과: 장기계속계약제도는 75년 12월에 최초로 예산회계법에 도입되었고, 78년에 '이행에 수년을 요하며 설계서 등에 의하여 사업내용이 확정된 장기공사는 장기계속계약을 체결'할 수 있도록 하는 규정이 예산회계법시행령에 신설되었다. 그 이유는 계속비 예산편성의 불편 없이 계속비와 같은 효과를 누릴 수 있도록 정부예산편성상의 편의를 도모하기 위한 것이었다.

③ 장점: 장기계속계약제도는 회계연도 독립의 원칙을 지킬 수 있고, 장기계속공사의 분할설계·분할발주 시 수반되는 입찰·계약업무상의 복잡성을 덜어 주기 때문에 예산의 확보를 전제로 하는 계속비제도나

국고채무부담행위보다 선호할 수밖에 없다(실제로 2년 이상의 장기적인 공사기간을 필요로 하는 정부 대형사업의 대부분이 장기계속계약제도하에 운용되고 있다).

④ 문제점

　㉠ 발주자 우위의 불평등 계약제도: 장기계속계약제도는 장기간 소요되는 공사나 물품의 제조의 경우에 총공사금액 또는 총제조금액에 대하여 계약상의 모든 의무를 부담하면서 권리는 각 차수별 계약금액에 대해서만 행사할 수 있는 계약제도이다.

　㉡ 분산투자로 국가예산의 손실 초래: 전체 사업예산이 확보되지 않은 상황에서 매년 사업의 연도별 예산을 새로 편성하여 여러 개의 사업을 동시다발적으로 진행시켜 분산투자를 초래하기 때문에 낮은 예산편성률과 공기지연 및 총사업비의 무분별한 증액이 발생한다.

　㉢ 건설시장의 개방대상범위 확대결과 초래: 외국의 경우 우리나라와 같은 장기계속계약제도를 공공 공사에 적용시키는 사례가 없지만, 우리나라에서는 장기계속공사에 대하여 의무화하고 있기 때문에 건설시장의 개방대상범위를 더 확대시키게 된다.

　㉣ 중소업체의 입찰참가 기회 제약: 총공사금액을 기준으로 입찰자격이 정해지기 때문에 중소업체의 입찰참가 기회를 원천적으로 봉쇄하게 된다.

　㉤ 건설업체에 대한 불이익 초래 및 부실시공의 원인: 불안정한 예산집행으로 인하여 건설업체에 불이익을 주거나 부실시공의 원인이 되기도 한다.

　㉥ 그 밖에 재이월이 금지되어 있기 때문에 발생하는 문제도 있다.

⑤ 개선방안

　㉠ 계속비제도와 국고채무부담행위의 활성화: 부족한 예산사정을 감안할 때 장기계속계약제도를 전면 폐지하기는 어렵더라도, 점차 계속비와 국고채무부담행위제도를 활성화함으로써 장기계속공사에 대하여 안정적인 예산지원이 이루어지도록 해야 한다.

ⓛ 발주자의 판단에 따른 분할설계·분할발주 범위의 확대: 동일구조물공사나 단일공사의 분할계약이 원칙적으로 금지되어 있긴 하지만, 법적으로 분할계약이 가능하거나 발주자의 판단에 따라 필요하다고 인정되는 경우에는 정부 조달 협정에 저촉되지 않는 범위 내에서 분할설계·분할 발주하는 폭을 확대해 나가야 한다.

ⓒ 장기계속공사에 대한 재이월 허용: 건설제도개혁기획단에서도 건의한 바와 같이 장기계속공사에 대한 재이월을 허용하는 것이 바람직하다.

⑥ 일본과 미국의 장기대형공사에 대한 예산제도

ⓠ 일본의 경우는 주로 단 한 번의 일괄계약에 의하여 정부가 시공업자와 총사업비 전체에 대한 채무를 부담하면서 공사의 진척도에 따라 그 채무를 차례로 지불하는 국고채무부담행위제도를 활용하고 있다.

ⓡ 미국의 경우는 대규모 조달사업이나 건설프로젝트의 경우 전액자금지원정책(full funding policy)이 적용되며, 의회에서의 예산심의와 의결은 정부가 사업을 수행하기 위해 지출할 수 있는 금액, 즉 지출권의 액수를 중심으로 이루어지기 때문에 우리나라의 계속비제도나 국고채무부담행위제도를 활용하고 있는 것으로 볼 수 있다.

⑾ 기타 신축성에 관련된 제도

기타 예산집행의 신축성 유지방안으로서 앞서 설명한 ① 추가경정예산 ② 준예산 ③ 조상충용(익년도 세금을 미리 징수하는 제도) ④ 총사업비제도(개개의 사업에 소요되는 모든 경비를 총괄, 장기적으로 관리) ⑤ 총액예산제도 ⑥ 신임예산 ⑦ 수입대체경비(주민등초본, 등기부 등 각종 서류발행, 여권발급에 드는 소요경비, 국립대학입시전형료) 등이 있다.

05 결산

1. 의의

(1) 개념

① 결산이란 회계연도 기간 국회의 심의를 거쳐 확정된 예산이 지출된 후 국가의 수입과 지출의 실적을 확정적 계수로써 표시하는 행위이며, 예산에 의하여 수입과 지출을 한 정부가 국회에 대한 사후적 재정보고를 말한다.

② 광의의 결산은 세입세출의 결산과 계속비의 결산 및 국가채무에 관한 계산서를 총칭하며, 협의로는 세입과 세출의 결산만을 의미한다.

③ 결산의 범위는 국회의 결산심사가 중심이지만 감사원의 회계검사와 각 부처 자체의 결산도 포함시킬 수 있다.

④ 행정부에 대한 국회의 통제는 예산의 심의와 사후적 통제인 결산으로 이루어진다.

(2) 결산의 기능과 효과

① 결산의 기능: 재정통제적 기능으로서 결산을 통하여 예산에 관한 입법
  부의 의도가 충실히 구현되었는가를 확인하고, 자료를 통하여 다음
  연도 예산편성과 심의, 효율적인 재정 및 행정계획의 수립·운영에
  반영하는 환류기능을 한다.
② 결산의 효과: 결산은 회계검사기관(감사원)의 검사·확인과 국회의 심
  의·의결에 의하여 종결되며 동시에 예산집행에 대한 정부책임도 해
  제된다.

(3) 결산의 책임

① 법률적 책임이 아닌 정치적 책임 부여: 결산은 행정부의 위법·부당한
  예산집행의 경우에도 지출행위를 무효·취소시킬 수 있는 법적 기능
  은 없으므로 정치적 책임이 남아 있다.
② 결산승인 후의 책임: 집행에 대한 행정적 책임(즉, 업무적 책임)의 해제
  이지만 법적 책임의 해제는 아니다. 따라서 부정한 집행을 한 공무원
  은 회계검사에 의해 변상 또는 형사책임을 묻게 된다.

(4) 예산과 결산의 비교

① 내용: 예산은 한 회계연도 중의 정부의 수입·지출에 대한 예정액이
  지만 결산은 정부의 수입·지출의 실적 및 결과를 확정적 계수로써
  표시한 것이다.

② 예산과 결산의 불일치의 이유
  ㉠ 전년도의 이월과 예비비 지출
  ㉡ 다음 연도에의 이월과 당해 연도의 불용액
  ㉢ 예산집행의 신축성 제도 적용
  ㉣ 정부의 위법·부당한 지출

⑸ 결산보고의 양대 기조

① 영미식 결산보고
　　㉠ 재무보고가 특정한 규정에 의한 처리보다 사실의 내용관계에 초점을 두며 유연성이 많다.
　　㉡ 각 회계주체별로 기본구조는 비슷하지만 결산보고서의 양식이 각 사업의 내용에 따라 계정과목의 배열과 보고내용이 차이가 있으며, 법규로도 제한하지 않고 있다.
　　㉢ 민간기업의 상업식 재무제표와 유사하게 일반회계에서도 대차대조표를 작성하고 있는 특징이 있다.

② 대륙식 결산보고
　　㉠ 각 보고주체별 재무결산보고는 통일적으로 적용하는 법규와 예산 관련 규정에 따라 보고를 하며, 내용은 예산서와 유사하다.
　　㉡ 우리나라의 결산보고제도는 대륙식에 속한다.

⑹ 결산의 성격과 목적

① 결산결과에 대한 법적 효력의 문제: 예산이 정부의 재정활동에 관한 권한을 부여하거나 통제하는 등의 법적 성격을 갖는 데 반해, 결산은 공무원의 위법·부당한 지출이 발견되었더라도 지출을 취소할 수 있는 법저 효력이 없다.
② 정치적 성격: 결산은 그 집행결과가 정당한 경우, 즉 국회의 결산승인으로 정부의 예산집행의 책임을 해제하는 효과를 가지며, 예산집행상 위법 부당한 사실이 있을 때에는 감사원의 회계검사를 통해 국회는 정부에 그 책임을 추궁하는 정치적 성격을 갖는다.
③ 결산의 목적 또는 기능
　　㉠ 정부가 입법부의 의도대로 예산을 집행하고 재정적 한계를 엄수 여부를 확인하고 감독하는 것

ⓛ 행정부의 회계책임을 명확히 하는 것
ⓒ 예산집행의 실적에 관한 사후적 재정보고서를 작성하여 차기의 예
  산편성심의와 재정계획의 효율적 운용을 위한 정보제공의 환류기능
  을 하는 것

2. 각국의 결산제도

(1) 외국의 결산제도(최창호)

① 미국: 연방정부 재무성은 국고수지잔고 종합보고서를 작성하여 의회에
  제출한다. 예산집행실적 보고라는 점에서 우리나라의 결산제도와 유
  사하며, 의회에 제출하기 전에 회계검사원의 검사를 받지 않는다는
  점은 다르다.
② 영국: 회계연도가 끝나면 각 성(省)은 결산서를 작성하여 회계검사원
  에게 제출한다. 회계검사원은 이를 받아 검사를 한 후 결산서와 검사
  보고서를 재무성에 송부한다. 재무성은 결산서와 검사보고서를 하원
  에 제출한다.
③ 일본: 대장성은 회계연도 경과 후 각 성·청의 보고를 근거로 세입·
  세출결산을 작성하여 회계검사원에 송부한다. 내각은 회계검사원의
  검사를 거친 결산을 의회에 제출한다.

(2) 우리나라의 결산제도

① 출납기한
  ㉠ 출납기한은 장부 마감기한으로서 전국 세입징수관 및 지출관으로부
    터의 보고를 집계·정리하여 총세입부 및 총세출부를 마감하는 데
    필요한 기한이다.
  ㉡ 총세입·세출부의 마감에 의하여 결산금액은 확정되며, 그 후의 정

정은 인정되지 아니한다. 이로써 출납사무는 완결·종료된다.

ⓒ 결산은 예산집행의 실적을 표시하는 것으로서 수입과 지출의 출납사무가 회계연도 말(12월 말)까지 완결되어야 하지만 한 회계연도와 별도로 세입과 세출의 출납에 관한 사무의 기한을 연장하는 것이다. 한국은행은 다음 연도 1월 15일까지 수납과 지급을 하며, 장부정리 등 출납사무는 2월 10일까지 완결하도록 하고 있다.

② **결산의 조제**: 각 중앙관서의 장은 결산심의의 기초로서 회계연도마다 그 소관에 속하는 ㉠ 세입세출의 결산보고서 ㉡ 계속비 결산보고서 ㉢ 국가채무에 관한 계산서를 작성하여 다음 연도 2월 말까지 기획재정부장관에게 제출한다.

③ **국무회의 및 대통령의 승인**: 기획재정부장관은 각 중앙관서의 장이 제출한 결산서로 종합하여 국무회의 심의와 대통령의 승인을 받는다. 종합작성내용은 다음을 명백히 표시해야 한다.

㉠ 세입: 세입예산액 및 현액, 이체 등 증감액, 수납액, 불납결손액, 미수납액, 징수결정액(징수결정액＝수납액＋불납결손액＋미수납액)

㉡ 세출: 세출 예산액, 전년도 이월액, 예비비 사용액, 전용 등 증감액, 수입대체경비의 초과지출액, 지출액, 다음 연도 이월액, 불용액(불용액＝예산현액－지출액－다음 연도 이월액), 세출예산현액(예산현액＝세출예산액＋전년도 이월액＋예비비 사용액＋전용 등 증감액)

④ **감사원의 결산 확인**

㉠ 기획재정부는 국무회의의 심의를 거쳐 대통령의 승인을 얻은 종합결산서를 다음 연도 4월 10일까지 감사원에 제출하고, 감사원은 결산서를 검사하고 보고서를 다음 연도 5월 20일까지 기획재정부에 다시 송부한다.

㉡ 헌법은 감사원의 회계검사를 결산절차의 필수과정으로 규정하고 있다.

㉢ 결산의 검사 확인 절차

㉮ 감사원이 작성한 결산검사확인액표와 재정경제부장관이 송부한 세입세출 결산 및 한국은행이 제출한 국고금 출납계산서를 대조

하여 3자 간의 부합 여부를 확인하는 방식으로 진행

   ㉯ 감사원은 매월 또는 분기로 각 세입징수관 등 계산증명 책임자가 제출한 계산증명서류를 근거로 이를 전산에 의하여 검사하고 있으며, 또한 회계 검사결과 발견된 위법 부당한 사항을 근거로 결산검사확인액표를 작성

  ㉣ 감사원의 검사보고서 내용 구성

   ㉮ 세입: 세입예산의 측면에서는 예산액을 기준으로 수납비율, 불납결손비율, 미수납액 등과 대비하여 분석한다.

   ㉯ 세출: 세출예산의 측면에서는 예산액과 이월액, 예산현액 불용액 등을 종합적으로 분석한다.

   ㉰ 예산의 기능별, 성질별 흐름의 추세를 종합적으로 분석한다.

   ㉱ 처분요구사항: 검사결과 위법 부당한 예산집행의 내용과 이에 관련된 공무원들에 대한 처분요구사항을 포함한다.

⑤ 국회 제출: 정부는 감사원의 확인이 끝난 세입세출의 결산을 다음 연도 5월 31일까지 국회에 제출한다. 이때 세입세출 결산보고서, 계속비 결산보고서, 국가채무에 관한 결산서를 첨부한다.

⑥ 국회의 결산심의: 국회는 정부가 제출한 세입세출 결산은 각 상임위원회의 예비심사와 예산결산특별위원회에서는 감사원의 검사보고서를 근거로 정부 측과 질의응답과 종합심사를 하게 된다. 마지막으로 본회의에 보고하여 결산의 승인을 받아 종결된다.

Check

Point

선 결산안 제도

결산을 예산안보다 먼저 제출하게 함으로써 국회의 결산심사를 보다 강화하고 이를 예산심의에 반영하도록 하고자 하는 취지의 제도이다.

결산결과 발생한 세계잉여금의 처리

① **개념**: 세계잉여금이란 정부의 재정운용 결과 세입이 예산보다 초과 징수되거나 지출이 당초 세출예산보다 적게 집행되어 불용액이 발생된 경우 초과세입과 세출 불용액의 합계를 말한다.ⓛ 한 회계연도에 수납된 세입액에서 지출된 세출액을 뺀 잔액(결산상 잉여금)을 말하는데, 조세 등 세입이 증액되거나 세출예산액 중 지출되지 아니한 불용액과 다음 연도 이월액 등으로 발생한다(세계잉여금＝수입 － 지출).

② **세계잉여금의 처리 방식**
　㉠ 이월액을 공제한 금액(순 잉여금)은 교부세의 정산 및 교부금의 정산에 사용한다.
　㉡ 위 사용 금액을 제외한 세계잉여금은 100분의 30 이상을 공적자금상환기금에 우선 출연한다.
　㉢ 위 두 경우에 따라 사용한 금액을 제외한 세계잉여금은 국무회의와 대통령의 승인으로 100분의 30 이상을 다음 채무를 상환한다.
　　㉮ 국채 또는 차입금의 원리금
　　㉯ 국가배상법에 의하여 확정된 국가배상금
　　㉰ 양곡증권법에 의한 양곡증권의 원리금
　　㉱ 재정융자특별회계법에 의한 재정융자특별회계의 차입금의 원리금
　　㉲ 국채법에 의한 국채관리기금의 부담으로 발행한 채무
　㉣ 위 출연한 금액을 제외한 세계잉여금은 추가경정예산에 편성 사용할 수 있다.
　㉤ 위 사용 외의 잔액은 다음 연도의 세입에 이입한다.
　㉥ 세계잉여금의 사용을 위해서는 규모 등에 관하여 미리 기획재정부장관과 협의한다.

06 회계검사

1. 의의

(1) 개념

① 회계검사(financial audit)란 예산집행에 대한 수지의 결과에 관한 사실을 확인하기 위하여 회계검사기관이 기록과 장부 등을 체계적·행정적으로 검사하는 행위를 말한다. 즉, 회계체제의 정확성을 검증하고, 나아가서 재고품과 보유 장비의 확인, 집행상의 부정, 낭비 및 사업의 효과성을 확인하는 절차이다.

② 우리나라는 국가의 세입세출 결산, 국가 및 법률에 정한 단체의 회계

검사는 감사원에서 담당하며, 대통령 직속의 헌법상의 기관이다.

(2) 개념구분

① 일반적 의미의 회계검사: 어떤 조직의 재정활동과 회계기록에 관한 사실을 그 해당 조직과 독립된 제3자가 체계적으로 검토하여 검토내용에 대한 비판적 검증활동을 말한다.

② 정부예산에 대한 회계검사
   ㉠ 정부기관의 활동으로 인하여 발생한 재정활동의 결과 및 회계기록을 독립된 회계검사기관이 체계적으로 검토하여 그 내용에 대한 비판적이고 공식적인 검증활동이다.
   ㉡ 예산집행의 합법성과 타당성 여부를 비판적으로 확인하는 활동이다.
   ㉢ 감사원의 회계검사의 범위는 수입과 지출뿐만 아니라 정부의 재산의 취득, 보관, 관리 및 처분 등을 포함하고 있다.
   ㉣ 회계검사와 회계감사: 두 용어상의 의미상의 구분은 없으며, 이론상으로는 회계검사, 실제 현장에서는 회계감사라고 부른다(헌법과 감사원법에서는 회계검사로 사용하고 있고, 감사원법에서 회계검사와 직무감찰을 합쳐서 감사라고 부르는 점에 비추어 정부예산에 대한 회계검사는 법률용어로 보아 회계검사라고 부르는 것이 타당하다).

(3) 목적과 특징

① 전통적 회계검사
   ㉠ 정부의 예산집행이 관계 법령 및 예산 등에 의하여 위임된 내용대로 처리되었는지의 여부 확인을 목적으로 한다.
   ㉡ 정부의 회계책임을 확보하는 데에 초점을 둔 회계검사(financial audit)에 국한한다.
   ㉢ 예산집행과정에서의 관계 법령과 규정 준수 여부를 확인하고, 공무

원의 예산집행의 오류와 부정을 적발하고 시정하는 목적이 있다. 즉, 오류와 부정의 적발 기능과 회계기록의 적부를 검토 비판하는 비판적 기능이 강하다.
   ② 예산집행의 합법성 검증의 통제지향적 검사로서 소극적 회계검사 수준에 불과하다.
   ⑩ 의회민주주의의 성립과 더불어 의회가 행정부를 견제하는 시각에서 출발하였다.

② 최근 회계검사의 방향
   ㉠ 회계검사의 기준: 전통적 검사방식인 합법성 위주의 검사에서 경제성, 능률성, 효과성의 추가(3E: Economy, Efficiency, Effectiveness 중심).
   ㉡ 경제성, 능률성, 효과성에 의한 감사를 성과감사라고 부름.
   ㉢ 관리책임과 사업 및 정책에 대한 책임까지도 묻는 업무감사와 정책 감사도 포함하고 있다.
      ㉮ 업무감사: 감사대상은 정부의 업무 전반이며, 성과의 평가, 문제 점의 발견 및 대안 제시를 목적으로 한다.
      ㉯ 정책감사: 정부의 정책 및 사업 자체에 대한 평가로서 효과성 검 사를 중시한다.
   ㉣ 평가를 통한 관리기법, 지식, 정보를 제공하는 지도적 기능과 감사결과 를 직접 계획 및 집행단계에 영향을 주는 환류기능을 강조하고 있다.
   ㉤ 체계적이고 과학적인 감사를 위해 전산감사 개념을 두입하고, 이를 확대하고 있다.

□ 전통적 회계감사와 현대적 회계감사 비교

구분	전통적 회계검사 방식	현대적 회계검사 방식
예산집행의 검사기준	합법성 여부 검증	경제성, 능률성, 효과성 검증
회계검사의 대상	회계	업무 및 정책
행정부의 책임성 확보	회계책임	관리, 사업 및 정책책임
회계검사의 기능	집행상의 오류 적발 및 비판기능	지도 및 환류기능
전산감사 적용	없음	확대추세

(4) 효과적인 회계검사의 조건

① 검사기관의 독립성: 검사기구는 감사대상 기관으로부터 독립되어야 한다.
② 사후검사: 검사의 객관성 확보를 위해서는 재정처리가 완료된 후에 실시하는 사후검사가 효과적이다.
③ 검사의 포괄성과 적시성: 검사는 업무의 포괄성과 시기의 적시성이 필요하다.
④ 입법부 검사의 전문성: 검사기관이 제출한 검사보고내용을 전문적으로 처리할 위원회가 입법부에 설치되어야 한다.

2. 회계검사기관

(1) 회계검사기관의 소속에 따른 분류

① 입법부 소속형(영미형): 회계검사기관이 입법부에 소속되어 있는 형태를 말하며, 회계검사결과는 의회에 제출된다. 영미형으로 분류되며, 영국과 미국이 채택하고 있는 형태이다.
② 행정부 소속형(대륙형): 회계검사기관이 행정부에 소속되는 형태로서 예산집행부서와 검사기관이 모두 행정부에 속해 있다는 측면에서는 견제와 균형의 원리의 장점을 살릴 수가 없다. 우리나라와 포르투갈이 해당된다.
③ 독립형: 회계검사기관이 입법부, 행정부, 사법부 어느 곳에도 속하지 않고 독립되어 있는 형태로서 프랑스, 독일, 일본 등이 해당된다.
④ 대만형: 대만의 총통 밑에 회계검사기관(감찰원의 심계부)을 두고 있다.

(2) 회계검사기관의 의결 형태에 따른 분류

① 단독제: 회계검사기관의 장이 업무의 단독 결정권을 소유한 유형으로

서 미국과 영국이 해당된다.

② 합의제: 위원회와 유사한 어떤 단체가 회계검사업무를 담당하는 형태로 일본이 해당되며, 우리나라는 이와 비슷하다.

(3) 헌법의 명시 여부에 따른 분류

① 헌법기관: 회계기관의 설치근거를 헌법에 규정하고 있는 경우로 우리나라의 감사원을 말한다.

② 비헌법기관: 회계기관에 관한 사항이 헌법에 규정되어 있지 않은 경우로 미국이 해당되며, 미국은 비헌법기관이지만 회계검사원의 지위는 매우 강력하다.

3. 우리나라의 회계검사기관

(1) 감사원의 지위

① 감사원은 국가의 세입·세출의 결산, 국가 및 법률이 정한 단체의 회계검사와 행정기관 및 공무원의 직무에 관한 감찰을 하기 위하여 설치된 대통령 직속의 정부기관이다.

② 내용: ㉠ 헌법기관으로서의 존재 ㉡ 직무상 또는 재정상의 독립기관 ㉢ 규칙제정권 소유

(2) 감사원의 구성과 조직

① 감사원은 감사원장을 포함한 5명 이상 11명 이하의 감사위원으로 구성되고, 감사원법에는 감사원장을 포함해 7명의 감사위원으로 구성하도록 규정되어 있는 감사위원회와 감사원의 지휘·감독을 받는 사무처로 되어 있다.

② 감사원장과 감사위원의 임기는 4년이며, 1차에 한하여 중임할 수 있
다. 감사위원회는 재적 감사위원 과반수의 찬성으로 의결한다.
③ 사무처는 1명의 사무총장과 1~5국 및 기술국과 지원부서인 기획
실·심의실·교육실·비상계획실·공보관·총무과로 구성되어 있다.

(3) 감사원의 기능

① 예산집행의 결산확인 ② 회계검사 ③ 직무감찰 ④ 감사결과의 처분
⑤ 재심처리 ⑥ 보상책임의 판정 ⑦ 징계 및 시정요구 ⑧ 회계 관계 법
령의 제·개정, 해석에 관한 의견진술 등.

(4) 감사대상

필요적 검사사항과 감사원이 필요하다고 인정하거나 국무총리의 요구가
있을 때 감사를 실시하는 선택적 검사사항으로 구분된다.

(5) 기타

감사원은 검사결과를 대통령과 차년도 국회에 보고해야 하며, 행정기관
및 공무원의 비위감찰뿐만 아니라 적극적으로 공무원의 근무평정 또는 행
정관리의 적부심사 분석과 그 개선 등에 관한 행정감찰까지도 포함하는 기
능을 갖고 있다.

4. 회계검사의 종류

(1) 서면검사·실지검사·대행검사

① 서면검사: 각 기관에서 제출된 회계서류를 감사원이 각 기관 또는 단체
의 회계를 검사하는 방법으로써 우리나라 회계검사의 방식에 속한다.

② 실지검사: 감사원이 직접 검사직원을 검사대상기관에 내보내 회계검사
를 하는 방법으로서 회계장부 및 예산담당자에 대한 질의 등으로 서
면검사에 대한 보완성을 확보한다.
③ 대행검사: 감사원이 다른 기관에 위탁 검사하는 방식을 말한다.

(2) 사후검사 · 사전검사

① 사후검사: 지출이 행해진 후의 결과에 대해 그 지출의 위법부당 사항
과 회계의 정확성을 검사하는 방법으로서 우리나라 및 각국에서 사용
하고 있다. 원칙적으로는 행정부에 속하지 않는 기관에서 실시하는
것이 바람직하다.
② 사전검사: 실제의 지출이 있기 전에 지출의 합법성을 승인하는 것으로
미국이 대표적 국가이다.

(3) 정밀검사 · 발췌검사

① 정밀검사: 모든 수입과 지출을 세밀히 검사하는 것으로서 완전검사,
전면검사라고도 부른다.
② 발췌검사: 회계검사의 시간과 비용 등을 고려하여 자료의 임의추출로
검사하는 것을 말한다.

(4) 일반검사 · 종합검사 · 상업식 검사

① 일반검사: 회계 관련 공무원의 회계책임을 규명하는 데 목적을 두고
있다.
② 종합검사: 정부기관의 사업프로그램, 통제절차, 회계제도 등에 대해 종
합적으로 검사하는 것이다.
③ 상업식 검사: 공기업에 대한 회계검사를 말한다.

(5) 내부검사 · 외부검사

① 내부검사: 회계검사기관의 권한을 위임 받아 검사대상기관의 회계부서
   가 예산집행부서에 대해 자체적으로 검사하거나 정식 회계검사 실시
   이전에 스스로 준비하는 검사도 포함한다.
② 외부검사: 자체 내부검사를 제외한 모든 회계검사기관의 검사를 말한다.

5. 우리나라 감사원의 회계검사 실태

(1) 검사실시의 목적

회계집행상의 적정성 및 부정 · 오류 등을 확인하는 단계와 문제점을 발
견하는 단계로 크게 구분할 수 있다.

(2) 적정성의 확인 단계

회계감사, 재고조사, 상태점검 등과 같이 특정 업무의 관리 및 운영 실태
를 점검하는 그 자체가 감사의 목표를 달성하는 단계가 있으며, 그 다음 단
계로 문제점의 발견은 특정 업무에 대한 위법 부당한 사항 등을 적발해 내
기 위한 감사를 의미한다.

(3) 회계검사의 정의

① 회계검사란 전통적으로 "조직의 재정활동 및 그 수입 · 지출의 결말에
   관한 사실을 확인 · 검증하고 회계검사결과를 보고하기 위해서 장부
   및 기타의 기록을 체계적으로 검사하는 행위"라고 정의되고 있다.
② 회계검사는 '이해관계자에게 회계적으로 유용한 정보를 제공함'에 그
   목적이 있다. 따라서 회계검사란 조직의 재정활동 및 그 수입 · 지출
   의 결말에 관한 사실을 확인 검증하여 그 적정성 여부의 비판적 평가

행위와 긍정적 차원의 환류기능으로 정의할 수 있다.

6. 감사원의 회계검사 발전방향

(1) 정부회계제도의 발생주의·복식부기 방식으로의 전환

① 정부회계처리의 투명성 확보: 대차평균의 원리적용으로 회계 상호간의
   연계성 파악이 가능하며, 회계담당자들이 회계처리상의 오류를 스스
   로 검증할 수 있는 기능이 강화된다.
② 정부재정의 경제성·능률성·효과성의 검증 가능: 국가재정에 대해 총괄
   적·체계적인 현황파악과 정부 단위 기관 간의 예산대비 집행실적의
   비교분석 등이 가능해져 정부재정에 대한 검증과 회계검사기능의 개
   혁과 발전이 예상된다.

(2) 회계검사기능의 국회이관 주장(2003년 감사원회계검사기능 국회이관준비기
   획단)

① 감사원 회계검사기능의 완전한 국회 이관은 헌법개정이 필요한 사항
   이므로 현행법의 테두리 내에서 국회 결산심의와 국정감사 및 조사의
   내실화를 위한 회계검사기능 수행방안을 강구해야 한다.
② 헌법이 감사원에 대하여 회계검사기능을 부여하고 있다 히더리도 회
   계검사기능은 감사원에 전속된 사항이라고 보기 어려우며, 국회도 결
   산심의권 및 국정감사권과 조사권을 실질적으로 행사하기 위한 보조
   적 수단으로 특정 사안에 대한 회계검사업무를 수행할 수 있다.
③ 이를 위해 국회법을 개정해 회계조사제도를 도입해야 하며, 감사원법
   을 개정하여 국회보고제도를 활용한다.
④ 감사원 회계검사기능의 국회이관에 미리 대비하고, 회계조사업무의 수
   행을 위하여 국회 직원의 회계검사에 관한 전문성을 강화시켜야 한다.

07 회계와 수입 및 지출

1. 회계

(1) 개념

회계란 재정적 성격을 가지는 거래나 화폐단위에 의해 분류·요약·해석하는 기술이라 할 수 있으며, 모든 재정활동의 관리수단으로서 예산 편성 및 배정·수입·계약·지출 등 제 업무내용 및 절차를 말하며, 특히 금전 기타 재산의 출납·보관 및 이에 수반되는 형식적인 경리절차를 말한다.

(2) 지방자치단체의 회계법규의 종류

① 금전회계: 현금의 출납보관을 규율하는 것으로 일체의 수입·지출의 예정을 각각 세입·세출예산에 편입하여 이에 의거 집행하는 회계를 말한다.

② 재산회계: 지방자치단체의 소유로 된 공유재산의 출납보관에 대하여 규율하는 회계를 말한다.

③ 물품회계: 지방자치단체가 소유하는 현금·유가증권 및 공유재산을 제외한 동산과 지방자치단체가 사용하기 위하여 보관하는 동산의 출납보관에 대하여 규율하는 회계를 말한다.

④ 채권회계: 지방자치단체의 세입의 재원은 지방세수입, 세외수입, 기타 교부금, 지방교부세, 국가나 상급 지방자치단체의 보조금 등으로 이루어져 있으나 이런 재원으로도 수요를 충족시킬 수 없는 경우에 채권을 발행하여 재원을 충당하게 된다. 이의 출납과 보관을 규율하는 회계를 채권회계라 한다.

2. 세입과 세출관리의 용어정리

(1) 수입(세입) 및 지출(세출)관리

① 수입: 세입의 징수에서 수납까지의 일체의 회계행위로서 지방자치단체
   가 제반 수요를 충족시키기 위한 지급의 재원이 될 현금의 수납을 실
   현시키기 위한 행위를 말한다(절차적 의미).
② 세입징수기관과 세입징수관: 조세 및 기타의 세입의 조사, 결정 및 납입
   고지를 명령하는 기관과 공무원을 말한다(명령기관).
③ 출납기관과 출납공무원: 출납기관은 명령기관의 법률행위 또는 출납명
   령에 의하여 출납·보관하는 등의 사실행위를 담당하는 기관이며, 출
   납공무원은 이를 집행하는 주체이다. 즉, 조세와 기타의 세입을 수납
   하는 기관과 공무원을 말한다.
④ 재무관: 계약 등 채무부담(지출원인행위)을 지는 중앙관서의 공무원이
   며, 지방자치단체는 경리관이라 한다.
⑤ 지출관: 재무관의 지출원인행위에 의해 발생한 채무에 대해 지출하는
   공무원이다(10% 부과세를 제외한 금액을 계좌이체방식으로 이행).

3. 지출의 여러 가지 내용

(1) 지출의 원칙

① 계좌이체로 지급할 것
② 회계연도 개시 후에 지출할 것
③ 당해 연도 세입예산으로부터 지출할 것
④ 확정채무가 존재하고, 그 이행시기가 도래할 때 지출할 것

(2) 특례지출의 예

① 관서운영경비
  ㉠ 개념: 관서를 운영하는 데 드는 경비로서, 그 성질상 지출의 원칙적
    절차규정에 따라 지출할 경우 업무수행에 지장을 가져올 우려가 있
    는 경비에 대하여 사무비를 관서의 장에게 지급함으로써 그 책임과
    계산하에 사용하게 하는 특수한 경리를 필요로 하는 경비를 말한다.
  ㉡ 내용
    ㉮ 관서운영경비 취급관서: 순찰지구대, 특수파출소, 전투경찰중대, 해
      외주재관서 등
    ㉯ 관서운영경비의 범위: 관서운영비, 업무추진비, 특별활동비(수사활
      동경비는 제외), 여비, 비정규직 보수, 수당 중 함정근무 및 특수
      지근무수당 등
    ㉰ 관서운영경비의 집행에 관한 증빙서류, 현금출납부 등은 회계연
      도 종료 후 5년간 보존한다.
  ㉢ 특징
    ㉮ 집행: 경찰의 관서운영비의 집행은 업무현실을 고려해서 다른 행
      정기관과는 달리 종래의 도급경비와 같은 예외를 적용하고 있다.
    ㉯ 지급: 원칙적으로는 정부구매카드를 사용하여야 하나 예외적으로
      계좌이체나 현금지급 등의 방법을 병행할 수 있다. 일정한 관서
      운영경비는 회계연도 개시 전에도 필요한 자금의 지급이 이루어
      진다(신축성 방안 중의 하나인 자금의 긴급배정)⇒관서운영비, 업
      무추진비, 외국에서 지급하는 경비, 국내경비.
    ㉰ 사용: 경비부족 시에는 추가신청이 가능하고, 원칙적으로 사용잔
      액은 반납하여야 하며, 관서운영비의 사용잔액은 다음 회계연도
      1월 15일까지 지출관에게 반납하여야 한다. 따라서 관서운영경비
      도 정산 및 회계검사를 거쳐야 하는 것이 원칙이다(경찰의 경우
      예외적으로 정산하지 않고 있음).

㉑ 이월: 예외적인 경우에는 사용잔액을 다음 연도로 이월하여 사용할 수 있다(지급원인행위를 하고 지급하지 아니한 금액과 직접 회계연도에 사용한 정부구매카드 사용금액 중 그 대금을 지급하지 아니한 금액의 경우).

㉒ 전용: 관서운영경비로 일반적인 전용절차를 거쳐서 일부 전용이 가능하다. 단 공공요금의 경우 다른 비목으로 전용할 수 없고, 전용받을 수는 있다.

② 개산급: 이행시기 도래 전에 미리 지급하는 것으로서 금액을 확정하지 않고 지급하게 되는 사후급 원칙의 예외이다. 즉, 일정한 양을 순차적 또는 적절하게 지급하는 형식을 가진다(여비, 보조금, 교부금, 부담금 등).

③ 선금급: 이행시기 도래 전에 금액을 확정하여 지급하는 것이다. 즉, 확정된 금액 범위 내에서 집행하라는 의미이다(공공기관이 구입하는 각종 자료, 도서, 기계 등).

④ 수입대체경비: 지출이 선행된 후 수입이 수반되는 경비를 말한다. 이 경비는 총계예산주의원칙의 예외로서 수입과 지출이 서로 상쇄되는 것으로 주민등록, 등기에 관한 민원서류 및 여권발급 등에 소요되는 경비가 이에 해당된다(지출은 발급소요경비, 수입은 증지세 판매금).

⑤ 도급경비: 관서운영경비, 출장여비 등을 말하며, 집행 후 남아도 반려하지 않으며, 부족해도 추급할 수 없는 경비로서, 장부정리 등이 필요 없으며, 회계검사 대상도 아니다.

⑥ 과년도 지출: 지난 연도 지출이라고도 하며, 전 회계연도에 지출했어야 하나 여러 가지 여건으로 지출하지 못한 예산을 현재 연도에 지출하는 경우를 말한다. 즉, 공공기관과 계약을 맺은 사업자가 여러 사정으로 당해 연도에 청구하지 않은 예산을 다음 연도에도 지급할 수 있도록 한 것이다.

예산제도의 변천

01 품목별 예산제도

1. 품목별 예산제도의 의의

(1) 개념

① 품목별 예산제도(LIBS: Line Item Budget System)는 예산의 통제적 측면을 강조한 예산제도로서 지출대상을 세분화한 예산을 말한다. 따라서 LIBS는 세출예산의 대상과 성질에 따라 표시한 것으로서 정부의 각 기관에서 필요로 하는 재화나 용역의 내용이 서로 유사하기 때문에 적용 가능하다.

② LIBS는 정부가 사용하는 물품이나 서비스 구입에 치중하는 예산으로 기관별 예산, 기관의 운영과 행정작용에 소요되는 품목의 나열과 내용, 소요경비의 금전적 표시 등이 포함된다.

③ LIBS는 세출예산의 급여, 여비, 수당, 시설비 등으로 분류되는 예산이며, 많은 국가에서 사용되고 있다.

④ 점증모형 예산제도로서 정치적 합리성을 중시하며, 입법부 우위의 통제 중심적 예산이다.

(2) 도입배경

① 미국의 채택: 최초 뉴욕시(1907년)에서 적용
② 미연방정부에 도입(1921년): Taft위원회(절약과 능률에 관한 대통령위원회)의 건의로 시작
③ 미국의 행정부제출예산제도에 품목별 예산제도 적용

2. 제도적용의 장·단점

(1) 장점

① 세출예산에 대한 엄격한 통제와 회계책임의 명확화
② 경비의 지출에 있어서 적정화 도모
③ 예산지출에 대한 공무원의 재량권 제한으로 부정지출 가능성 축소
④ 예산구조가 단순하여 계산작업과 이해가 용이

(2) 단점

① 통제 중심적 예산으로 예산집행의 신축성 저해
② 정부사업의 전모 파악 곤란과 정책형성에 유익한 자료 제공에 한계
③ 예산지출에 따른 산출과 성과파악(사업목적과 예산이 일치하시 않는 단기적 소비성 예산)
④ 예산편성 시 전년도 예산액에 물가상승률 등을 적용하여 증액의 예산편성을 반복(전년도 답습예산)
⑤ 각 행정기관을 통합한 총괄계정에 부적합하며, 품목의 지나친 세밀화로 행정활동의 자유 제한

02 성과주의 예산제도

1. 성과주의 예산제도의 의의

(1) 개념

① 성과주의 예산제도(PBS: Performance Budget System)는 성과를 중심으로 예산을 운용하는 것으로서 투입 중심의 예산제도에 반대되는 개념이다(신공공관리에 적용되는 예산제도).

② 성과주의 예산제도는 국민이 쉽게 이해할 수 있는 사업의 성과목표와 목표 달성을 위한 전략을 제시하고, 사후 달성 여부를 공개해 공무원의 인사·보수와 다음 예산배정에 영향을 주는 제도이다.

③ 정부의 예산을 지출대상별로 편성하지 않고 사업계획별·활동별로 분류하여 예산의 지출 대비 성과를 명확히 파악하기 위한 예산제도이다.

④ 품목별 예산이 점증주의에 의거한 예산제도라고 한다면 성과주의 예산(계획주의 예산·영기준예산 포함)은 총체적·종합적 방법에 기초를 둔 예산제도라고 할 수 있겠다. 또한 품목별 예산제도는 통제지향의 예산제도이며, 성과주의 예산제도와 영기준예산제도(ZBB)는 관리지향 예산제도이고 계획예산제도는 계획지향의 예산제도이다(Schick의 분류).

⑤ 거리청소사업의 경우에 투입 중심의 예산은 청소부 인건비, 청소차량 구입비 및 유지비로 책정된 예산이 내용과 금액대로 집행되었는가에 초점이 있으나 성과주의 예산은 거리청소사업의 성과목표인 거리의 청결상태, 주민들의 만족도 등을 기준으로 평가하고 다음 연도 재원 배분에 반영한다.

(2) 의의

① 최근 30여 년간 미국에서의 예산개혁은 예산과정에서 정책분석과 사
  업평가를 연계시키는 데 그 목적을 두고, PBS는 예산과정과 정책분석
  을 통합하고자 하였으며, ZBB는 예산과정과 성과평가를 연계시키고
  자 하였다.

② 1980년대에는 정책대안의 수용 여부를 확인하고 현존하는 사업의 효
  율성과 효과성을 평가하여 의사결정자에게 도움을 주기 위해 여러 가
  지 분석을 시도하고 있다. 여기에 맞춰 성과달성 확보를 위한 예산제
  도의 개혁이 추진되고 있는데 성과기준예산 등 다양한 용어로 사용되
  고 있다.

③ 성과기준예산은 1980년대의 관리 분야에 대한 개혁을 목적으로 서비
  스 공급자가 독점적이거나 경쟁적이거나 간에 성과평가가 가능한 분
  야에서는 서비스 전달과 재원을 교환조건으로 하는 계약으로 보거나
  재화 및 서비스의 공급자와 구매자 간의 계약으로 본 것이다. 이때
  예산이라는 재원은 공급자와 구매자 간의 계약관계를 맺어 주는 수단
  이 된다.

④ 전통적 예산제도와 성과주의 예산제도의 근본적인 차이는 행정부 통
  제의 목적을 회계책임의 확보 대신 성과책임의 강조에 두고 있다는
  점이다.

2. 성립배경 및 특징

(1) 성립배경

① 성과주의 예산제도의 기원은 1913년 뉴욕의 리치먼드구의 원가예산제
  (cost data budget) 시도에서 찾아볼 수 있다. 미연방정부에 있어서는
  이미 이에 앞서 1912년에 '절약과 능률에 관한 위원회'가 정부가 수

행하는 사업에 치중하는 예산을 강조했던 것이다.

② 1934년에는 농무성이 사업별 예산(project budget)을 편성하였으며, 테네시계곡개발공사(TVA)가 사업과 세부사업별로 예산을 분류함으로써 성과주의 예산에 유사한 프로그램예산제도를 시작하였던 것이다.

③ 제2차 대전 후에는 1946년에 해군성이 1948년도 예산으로서 종래의 품목별 예산과 함께 성과주의 예산을 편성 제출했으며, 국방성에도 적용하게 되었다.

④ 제1차 후버위원회는 그 '예산과 회계'에 관한 보고서에서 성과주의 예산의 필요성을 강조하면서 연방정부의 모든 예산의 개념은 기능·활동 및 사업에 의거한 예산의 채택에 의하여 개조되어야 하며, 이를 성과주의 예산이라고 명명한다고 하였다.

⑤ 영국, 호주, 뉴질랜드 등 선진국들은 1980년대 이후 복지정책이 재정위기를 초래하면서 정부의 효율성 문제가 대두되었고, 성과에 의한 관리라는 측면이 강조되는 행정개혁을 추진하고 있다. 성과에 의한 관리란 성과를 정확히 측정하고, 그 내용을 목표와 대비해서 평가한 후, 그에 따라 유인(incentives)과 역유인(disincentives)을 제공하는 것을 의미한다.

(2) 우리나라의 도입과정

① 미국이 대통령실의 관리예산처(OMB)가 GPRA에 근거한 결과중심의 성과평가와 연계된 예산배정을 실시하는 성과중심예산제도를 도입했듯이 우리나라는 1990년대 후반 기획예산처가 도입하였다.

② 기획예산처의 성과주의 예산제도는 지출의 효과분석이 곤란하고 정부 성과관리에 한계가 있는 현행 투입 중심의 예산운영방식을 성과중심으로 전환하자는 취지에서 만들어진 제도이며, 미국의 GPRA의 체계를 대부분 수용하고 있다.

③ 정부성과관리경험의 부재, 성과측정의 어려움 등 정부부문의 특수성

을 고려하여 16개 기관을 대상으로 먼저 시범적으로 실시한 후 확대·실시하였다.
④ 1990년대 후반 이후 성과관리를 내용으로 하는 다양한 행정개혁을 추진해 오면서 책임운영기관제도를 도입, 공무원의 경쟁력 강화를 위한 성과급제도 실시와 더불어 예산의 효율적 사용에 대한 예산상의 유인을 제공하는 등 성과에 의한 평가결과를 정부관리에 반영하는 등의 노력을 기울이면서 성과주의 예산제도 도입이 정당화되었다.
⑤ 우리나라에서는 성과주의 또는 실적주의 예산제도라고도 부른다.

⑶ 성과예산의 특징과 성과관리방안(최창호)

① 성과예산의 특징
  ㉠ 재량(자율) 부여와 책임 강화의 양면성: 분권화를 유지하는 대신 성과에 대한 책임추궁이라는 양면성을 가지고 있다. 즉, 예산집행부서와 중앙예산기관은 목표를 설정하고 집행부서에 대한 예산집행의 재량성을 부여하지만 동시에 성과측정에 따른 책임을 물어 효율적 목표달성을 도모한다.
  ㉡ 전략적 운영계획과 예산절차와의 긴밀한 연계 필요: 정부의 전략목표가 사업활동의 운영목표에 정확히 반영되고 성과와 연결되도록 한다.
  ㉢ 성과관리체계의 재정립: 조직·인사·예산·회계 등 모든 관리시스템이 성과목표이 달성에 효과적으로 지원되도록 관리구조를 재정립하는 것이다.

② 성과관리방안
  ㉠ 고객기대에 맞는 공공서비스의 기준 제정
  ㉡ 공공서비스의 기준에 입각한 성과협정의 체결
  ㉢ 공공서비스의 기준, 성과협정과 성과목표의 달성 여부를 체계적인 성과척도를 통해 측정

　　ⓔ 성과측정의 결과를 예산과정에 반영하고 성과급 지급 등 유인장치
　　　와 연계
　　ⓜ 성과결과 평가 시 심사평가와 성과감사의 유기적 연계 또는 통합

③ 우리나라의 성과관리제도의 도입
　　ⓙ 국무조정실의 정부심사평가(심사평가 또는 심사분석)와 감사원의 성
　　　과감사 등의 도입
　　ⓛ 기획예산처를 중심으로 한 성과주의 예산제도의 도입
　　ⓒ 예산회계법상에서의 예산성과금 지급제도 등
　　ⓔ 공기업 부문: 성과관리제도
　　ⓜ 정부투자기관: 사장의 자율추천제, 사장과의 성과계약제, 경영실적
　　　평가제, 실적평가결과 책임추궁제 등
　　ⓗ 책임운영기관: 기관장의 책임·자율운영, 성과계약임명제, 경영실적
　　　평가제, 실적평가결과 책임추궁제 등

3. 성과예산 책정기준과 편성상의 전제조건

(1) 예산액 책정기준

① 성과주의 예산은 사업계획을 세부사업으로 분류하고 각 세부사업을
　편성한다.
※ 예산편성액 = 단위원가 × 업무량
② 단위원가란 업무단위 한 개를 생산하는 데 소요되는 경비를 말하며,
　업무량이란 업무단위에 표시된 업무의 양을 말한다.

(2) 성과주의 예산을 편성하기 위한 전제조건

① 각 업무의 성과를 측정할 수 있는 업무단위의 개발

② 업무단위의 계량화 및 표준화

③ 업무단위의 선정 기준

   ㉠ 업무단위의 동질성과 영속성

   ㉡ 계산과 업무의 완결 표시의 가능

   ㉢ 하나의 사업의 업무단위는 가능한 한 단수여야 한다.

   ㉣ 업무단위는 친숙한 용어로 표시하여 관계자들이 이해하기 쉬워야
      한다.

C heck

P oint

성과주의 예산은 활동(사업)과 관련된 투입(비용)의 할당: John Mercer

① 성과예산은 프로그램에 투입된 자원과 예상결과 사이의 관계를 보여 주는 연간 성과계획과 연간예산의 통합이다.
② 이는 하나의 목표 또는 일련의 목표들이 주어진 비용수준에서 달성되어야 한다는 것을 의미한다.
③ 효과적인 성과예산은 단순히 예상되는 성과와 과제, 프로그램 또는 예산을 수록한 문서 이상의 역할을 한다.
④ 성과주의 예산은 비용과 결과의 관계를 나타낼 뿐만 아니라 어떻게 그러한 관계가 설정되는지를 설명해 주고, 그 설명은 프로그램을 효과적으로 관리해 주는 핵심요소이다.

4. 성과주의 예산제도의 장·단점

(1) 장점

① 재정지출의 효율성을 제고: 예산의 목적을 충실히 이행할 수 있다.

② 성과와 예산의 연계로 소비중심이 아닌 결과중심의 예산운용이 가능
   (신공공관리와 맥을 같이함)

③ 정부의 사업에 대한 국민의 이해증진과 정책 및 계획수립이 용이

④ 입법부의 예산심의의 용이와 예산편성에 있어서 예산단가의 산출로
   자금배분의 합리화 도모

⑤ 예산집행의 신축성 부여와 행정관리에 있어서 계획과 통제가 용이

⑥ 관리층에게 사업의 목표수행과 관련하여 효율적인 관리수단을 제공
⑦ 실적의 분석 및 평가가 용이하므로 환류가 가능
⑧ 예산 통제와 관리의 능률성 도모: 성과주의 예산은 품목별 예산을 이용할 때보다 업무수행에 소요되는 비용을 정확히 산출함으로써 복식부기, 발생주의 회계원칙, 업무 측정단위, 단위원가를 통하여 통제와 능률성이 증진된다.

(2) 단점

① 입법부의 행정부에 대한 예산 통제의 어려움과 회계책임의 불명확
② 부(部)수준에서 적용되어야 하는 한계와 총괄예산으로는 부적합
③ 계획이나 기능 및 활동 간의 비교기준 제공 불가(정책대안의 선택 효용성 저하)
④ 사업과 관련되어 연결된 기능의 통합 확대 우려
⑤ 성과 중심적이므로 능률성 평가는 용이하나 사업의 효과성 평가에는 부족
⑥ 예산액 산출시 업무단가 및 업무량 측정과 업무측정단위 선정의 어려움

Check **P**oint

우리나라의 성과예산제도 적용의 실패 원인
   ㉠ 사업 추진에 대한 리더십의 부재
   ㉡ 성과예산 운용에 대한 전문적 지식과 기술 및 경험의 부족
   ㉢ 성과예산제도의 구조적인 문제점 존재
   ㉣ 성과예산제도의 적용 전에 충분한 사전준비 및 검토의 부족 등

※ 과거 기획예산처(99년 당시 기획예산위원회) 주관으로 도입하여 2000년도에 시범사업(16개)을 선정·추진하였고 시범기관을 설정·운영하고 있다(39개 기관).

---

03 계획예산제도

1. 의의

(1) 개념

① 계획예산제도(PPBS: Planning Programming Budgeting System)란 국가 또는 정부 차원의 장기적 계획에 자원의 효율적인 배분을 목적으로 한 예산제도이다.

② 장기적 목표에 대한 기본계획과 단기적인 예산편성 사이에 사업(program)을 넣어 계획과 예산을 유기적으로 연결시킴으로써 예산배분의 효율화(합리적 자원배분)를 추구하는 예산제도를 말한다.

(2) 연혁

① 1950년대에 미 공군성 내의 군사안보전략을 담당하는 랜드연구소(RAND Corporation)의 노빅(Novick)에 의해 처음 개발되었다.

② 1960년대 냉전체제가 가속화되면서 미국과 소련과의 우주전쟁 및 군비경쟁 계획에 적합한 예산제도로서 장기계획과 예산의 유기적 연결이 필요했다(McNamara 국방장관의 도입).

③ 1960년대 후반 존슨 대통령이 연방정부에 도입, 70년대 초까지 지속되었다.

④ 우리나라에서는 경제기획원의 PPBS 기초이론 번역서 발간(1969년)과 국방부와 체신부가 도입을 위한 안을 마련했으나, 미국의 적용중단으로 도입을 중지하였다.

(3) 특성

① 국가의 장기적 목표지향성: PPBS 적용의 예산사업은 국가목표 수준의 사업을 실현하기 위한 수단으로서 장기적인 국가목표에 대한 적합성이 중요시된다(기간은 보통 5년 이상의 계획).

② 고도의 경제적 합리성 추구: 점증주의적 예산 모형과 주관적 판단·비과학적인 자원배분의 방식을 최대한 통제하며, 과학적 분석기법인 체제분석 및 비용편익분석 등을 통한 합리적 자원배분을 추구한다(경제적 합리성 지향의 합리적 예산 모형).

③ 효과성 및 능률성 지향: 경제적 합리성은 최소의 비용으로 최대의 산출과 효과를 추구한다.

④ 최고관리층 중심의 하향적 정책결정과 집행으로 비민주적 관리제도에 속한다.

⑤ 사업구조(예산과목구조)를 형성

　㉠ PPBS는 국가적으로 매우 큰 계획의 사업(방위산업 등)이므로 종류와 수준별로 예산구조(장관항)와 같이 계층적 구조로 이루어져 있다.

　㉡ 조직의 경계를 구분하지 않고 프로그램 지향적 구조를 특징으로 한다.

　㉢ 사업구조의 내용

　　㉮ Program Category(계획항목): 최상위 수준으로 대분류한 것으로서 전략적·포괄적·상위의 개념을 말한다(보통 4 − 5개로 분류).

　　㉯ Program Sub − Category(계획세항): 최상위 수준의 다음 수준으로 계획항목을 좀 더 구체적으로 분류한 것이다.

　　㉰ Program Element(계획요소): PPBS 과목구조의 기초단위로서 원칙적으로 다른 단위와 구별되는 계획의 최종산출물에 해당된다.

2. 계획예산제도의 단계

(1) 1단계(장기기본계획의 수립단계, planning): 사업 관련 조직의 목표를 설정하고 대안을 평가, 분석하는 단계이다.
(2) 2단계(프로그램 작성단계, programming): 목적달성을 위한 수단 및 방법을 구체적으로 선정하는 사업의 세분화 단계로서 비용편익분석 등을 실시한다.
(3) 3단계(예산편성단계, budgeting): 목표 달성 수단 및 방법을 운용하는 데 소요되는 실행예산을 배분(편성)하는 단계이다.

3. 계획예산의 장·단점

(1) 장점

① 계획과 예산의 일치: 계획과 예산의 일치는 매우 중요하므로 계획예산제도는 양자를 조화시킨 예산제도이다.
② 정책결정과 집행의 일원화: 최고관리층을 중심으로 일사불란하고 합리적인 정책결정과 집행이 가능하며, 조직의 통합운영이 용이하다.
③ 장기적 계획의 실효성 제고: 회계연도 독립의 원칙의 제한을 받지 않고 장기적 예산편성으로 계획의 실효성이 증진된다.
④ 자원배분의 합리화: 경제적 합리성을 최우선으로 과학적 분석기법을 동원하고 전문 분야의 의견수렴으로 절약과 능률을 기한다.

(2) 단점

① 목표의 명확한 설정과 산출물의 계량화 곤란: 국가목표의 특성으로 명확한 목표의 설정과 구조별·단계별 분리도 용이하지 않으며, 분석과정과 산출물에 대한 계량화도 곤란하다.
② 자원배분의 갈등: 자원배분과정에서 정치적 이해와 갈등이 많이 발생한다.

③ 집권화와 상의하달식 목표관리: 중앙집권적인 기획기능의 강화로 참여를 통한 합리적 의사결정과 같은 민주적 목표관리방식이 배제된다(X 론적 관리).

④ 행정부 중심의 예산편성: 국가 대단위 사업으로 의회의 예산 통제기능의 저하를 가져온다.

⑤ 간접비의 배분문제: 목표의 계량화의 어려움으로 여러 사업계획에 배분되는 간접비(사업에 필요한 경비 등)의 합리적 배분이 어렵다.

4. 품목예산·성과예산·계획예산의 특징 비교

구분	품목별예산제도	성과주의 예산제도	계획예산제도
예산의 기능	통제 중심	관리중심	계획중심
추구목표 및 기간	투입, 단기적(1년)	성과, 단기적(1년)	목표, 장기적(5년 이상)
정책결정모형	점증모형	점증모형	합리모형
조직운영 및 관리	분권적	분권적	고도의 집권적
의사전달체계	상향적	상향적	하향적
적용범위	단위조직에 국한	단위조직에 국한	조직경계 유동적
예산의 규모성	소규모	소규모	대규모
추구이념	합법성	능률성	효과성
집행의 자율성	매우 낮음	매우 높음	낮음

04 영기준예산제도

1. 의의

(1) 개념

① 영기준예산제도(Zero Base Budgeting System)란 예산편성 시 전년도

예산을 기준으로 하는 점증주의적 예산편성방식을 탈피하여 제로베이스, 즉 완전히 백지상태에서 사업을 분석하여 새롭게 예산을 편성하는 것을 말한다(백지예산, 원점예산, 무기준예산이라고도 함).
② 대상사업은 기존사업과 신규사업을 모두 포함하여 경제적 합리성과 능률성을 기준으로 사업을 분석하여 우선순위를 결정하고, 그에 따라 실행예산을 편성하는 예산제도를 말한다.
③ 전년도 예산액에 물가상승률을 적용하여 편성하는 점증주의적 예산편성방식으로 인한 예산의 낭비를 방지하여 감축관리 및 건전 재정화에 기여한다.

(2) 발달과정

① 미국
 ㉠ 1969년 텍사스 소재 Instrument사 P. A. Pyhrr에 의해 개발되어 1973년 Jimmy Carter 주지사가 Georgia 주정부에 도입하였다.
 ㉡ 1979년 Carter 대통령은 연방정부예산제도로 적용, 1981년에 폐지되었다.

② 우리나라
 ㉠ 1983년부터 ZBB를 적용하여 예산을 편성, 집행하도록 하였다.
 ㉡ 이후 제도적으로는 지속 강조되었으나 예산담당자의 인식부족과 통제지향적인 점증적 예산방식으로의 예산편성이 그대로 적용되고 있는 실정이다.

2. 영기준예산제도의 내용

(1) 특징 및 성격

① 여러 절차를 거친다. 즉, 예산단위별 목표선정, 목표 달성을 위한 대

안탐색, 대안의 비교평가를 통한 최적대안의 선정, 소요비용의 산출 등을 통하여 예산결정일괄표를 작성하여 우선순위를 정하고 예산집행계획을 세운다.

② 예산운영의 상하관리자 모든 예산편성에 참여하는 분권적 의사결정에 속한다.

③ 신·구사업 모두를 평가하고 동일한 사업의 대안에 대해서도 비용편익분석을 실시한다.

④ 단기목표예산이며, 감축관리의 기초 작업단계로서 일몰법과 취지가 동일하다.

(2) 타 예산제도와의 비교

① 품목별 예산과 영기준예산의 비교

구분	품목예산제도(LIBS)	영기준예산제도(ZBB)
예산편성 기준	전년도 예산에 물가상승률 고려	백지상태에서 판단, 작성
예산책정개념	효율성과 무관한 전년도 답습	경제적 합리성 추구, 사업의 우선순위 고려
예산효율성	낭비성 및 소비성 예산의 성격 예산집행의 융통성 결여	신축적 예산편성과 사업 우선순위를 고려한 편성
중심개념	예산집행 상의 통제 위주	예산의 낭비방지, 감축관리를 위한 단계

② 계획예산제도와 영기준예산제도의 비교

구분	계획예산제도(PPBS)	영기준예산제도(ZBB)
예산의 목표	장기목표, 정책, 기획중심	단기목표, 예산의 절약
분석대상	신규사업	신·구사업 모두 해당
정책결정유형	집권적, 하향적 의사전달	분권적, 참여 및 상향적
결정주체	최고결정자 및 관련 참모	예산운영 관련자 전원
적용범위	국가적 사업으로 조직의 통합운영과 적용	조직별 별도 사업에만 적용
평가기준	기획과 예산의 일치, 합리성	예산의 규모의 경제성 추구

3. 영기준예산의 편성절차

(1) 의사결정단위의 설정

① 결정단위란 예산 작성의 기본단위로서 조직의 목표 달성을 위한 사업
　단위이다.
② 예산은 합리적인 의사결정과정을 거쳐 사업의 우선순위를 결정한다.
　따라서 조직의 책임자는 예산을 작성하는 담당자에게 결정단위를 선
　정해 주어야 한다.

(2) 의사결정항목의 작성

① 결정항목이란 사업 추진에 대한 대안을 작성하는 것으로서 기본적 요
　소인 의사결정표이다. 즉, 관리자는 대안을 비용편익분석 등을 통하여
　사업의 수준을 결정하게 된다.
② 작성내용
　㉠ 선택적 항목(대안패키지): 단위 사업을 시행하는 대안 중에서 가장 좋
　　은 방법을 선택하도록 다양한 정보들을 패키지로 만든 것이다.
　㉡ 점증적 항목(증액대안패키지): 대안들의 수준을 패키지로 작성해 놓고
　　전년도에 비교하여 어떤 수준으로 사업을 수행할 것인가를 결정하
　　도록 정보를 요약해 놓은 패키지이다.
③ 결정항목에는 특정 활동의 목표, 대안, 비용 대 편익 및 효과, 사업수
　준 등에 관한 정보를 제공하도록 작성되어야 한다.

(3) 사업의 우선순위 결정

① 사업의 우선순위의 결정은 자원의 제한성을 전제로 이루어지는 과정
　으로서 사업의 총책임자가 우선순위 결정과 예산배정 및 승인을 하는
　단계이다.

② 상향식으로 이루어진 과정을 거친 사업결정에 대해 사업담당자들은 자신의 사업이 제일 중요하다고 주장하므로 전체적인 사업패키지를 작성한 후 우선순위결정은 최고관리자가 하향식으로 결정하게 된다.

(4) 실행예산의 편성

① 앞의 모든 과정을 거쳐 사업의 우선순위가 결정되면 배정된 예산의 범위 안에서 사업별 예산의 재배정이 이루어진다.
② 조직 내에서의 예산의 재배정은 정치적 과정과 부서별 갈등이 존재한다.

4. 영기준예산제도의 장·단점

(1) 장점

① 지출의 억제: 기존사업이라고 해서 지속의 정당성은 인정하지 않고 기존 및 신규사업에 대한 객관적 평가를 통해 지속 및 시행을 위한 예산편성이 이루어지므로 불요불급한 지출을 억제할 수 있다.
② 감축관리를 위한 기초정보 제공: 특정 조직의 예산소요를 평가 분석하여 감축관리를 위한 기초 정보를 제공해 준다. 즉, 영기준예산으로 모든 사업을 분석해 보았을 때, 사업의 타당성과 정당성이 인정되지 않고 불필요한 예산소요라고 판단되는 경우에는 그러한 예산과 관련된 기능과 조직의 존립성 여부를 판단하게 된다. 따라서 이러한 대상에 대해 능률성과 경제성을 기준으로 중복된 기능과 조직, 인력까지도 줄일 수 있는 근거가 된다.
③ 조세부담의 증가 억제: 우선순위가 낮은 사업의 축소 및 폐지로 재정의 경직화 해소는 물론 예산의 증액을 방지하여 국민의 조세부담을 경감시킬 수 있다.
④ 자원배분의 합리화: 조직의 모든 사업활동에 대하여 지속적인 비용편익

분석을 통하여 자원을 합리적으로 배분할 수 있게 된다.

⑤ 예산운영의 다양성 수용: 조직의 장이 사업목표를 정하고 목표에 해당하는 예산편성과 집행은 실제 사업에 관련된 주무 부서에서 다양성을 바탕으로 운영된다.

⑥ 사업 관련자들의 참여 촉진: 예산의 검토, 편성, 삭감 등 일련의 절차는 사업담당자들이 직접 행하는 것이며, 상급관리자들과의 충분한 의사전달이 이루어진 상태에서 영기준예산편성이 이루어지므로 대내 민주성 촉진에 기여한다.

(2) 단점

① 분석의 어려움과 시간 등의 과다 소요: 매년 모든 사업에 대해 평가해야 하고, 사업의 우선순위 결정 등이 용이하지 않으며, 과중한 일상 업무와 더불어 객관적·과학적인 분석은 시간과 노력이 많이 소요되어 현실적으로 매우 어려운 일이다.

② 관료의 저항: 관료들은 자신의 사업과 예산의 삭감과 폐지에 매우 민감하여 저항이 많으며 분석 및 평가에 객관성을 기하기 어렵다.

③ 조직 외적 저항 수반: 국민과 이해집단들은 자신의 이익에 연계된 사업이나 관련 예산의 삭감 및 폐지에 대해 부정적인 태도를 보이므로 사업의 축소, 폐지 등이 단순한 문제는 아니다.

④ 신규사업 추진의 어려움: 기존사업은 이미 진행되어 왔으며, 최초에 타당성이 있기 때문에 지속되어 왔으므로 신규사업보다는 우선순위가 높다고 봐야할 것이다.

⑤ 신규사업 진입의 어려움: 영기준예산의 강조는 사업의 타당성이 매우 높은 신규 예산이 배제되기 쉽다.

⑥ 소규모 조직과 정치력이 약한 부서의 희생: 영기준예산을 적용하는 경우 작은 조직과 힘이 없는 부서는 사업의 정당성에 앞서 예산배정에서 소외되기 쉽다.

⑦ 정치적 요소와 가치가 배제: 사업상의 정치적 협력 또는 배려나 가치 추구적인 사업이 배제되기 쉽다.

⑧ 목표와 계획지향적 기능의 위축: 판단 기준이 사업의 능률성과 효과성에 맞추어 예산의 절감 등과 같은 현실적인 측면을 우선시하므로 미래지향적이고 가치가 내포된 행정활동이 위축되기 쉽다.

⑨ 사업의 지속성 결여: 객관적인 분석과 신축성의 강조로 사업의 중단 또는 변동으로 오히려 낭비를 초래할 소지가 많다.

05 일몰법

1. 의의

(1) 개념

① 일몰법(Sun－set law)이란 특정 법률이나 행정기관, 사업 또는 정책이 의회에서 재입법되지 않는 한 당초 정해진 기간이 돌아오면 자동적으로 폐지되고 소멸되는 규정을 담은 법이나 제도를 말한다.

② 지속성을 가진 입법은 이들 기관의 효과성이 증명되지 않더라도 영구적으로 존재한다는 잘못된 관념에서 용어 자체의 개념처럼 해가 지는 것과 같이 때가 되면 폐지되어야 한다는 한시법의 개념을 담고 있다.

③ 일몰법(한시법)은 정부의 규모와 비효율성을 줄이려는 영기준예산제도와 연계되어 감축관리와 개혁의 수단으로 활용된다.

(2) 배경

① 정부조직이 일단 설치되면, 그 조직의 필요성과 효과성과는 상관없이

관료이기적 성향 등으로 지속하려는 경향이 많이 있다는 우려에서 나왔다.

② 일몰법은 최초 미국에서 PPBS와 ZBB 등의 예산제도와 더불어 시작되었고, 특히 1970년대 말 전 세계적인 석유파동으로 인해 감축관리를 위한 제도로 강조되어 왔다.

06 예산제도의 개혁

1. 의의

(1) 개념

① 예산개혁이란 정부가 예산운영에서 비롯된 제반 문제점 발생에 대한 해결과 의도한 성과를 거두지 못하였을 때 취하는 새로운 예산제도의 도입을 말한다.

② 예산개혁은 행정과정과 정치과정의 변화의 수반을 전제로 예산의 종류, 예산관계법률과 조직, 예산과정에 적용한다. 즉, 예산제도는 정치적인 성격이 강하기 때문에 예산개혁은 필연적으로 정치 및 행정과정의 변화를 수반한다.

③ 거시적 관점에서 예산제도의 개혁은 특별회계의 설치, 예산관계법의 개정과 제정, 회계연도의 변경, 예산회계제도의 도입, 예산심의 방법의 변경 등 그 포괄범위가 너무 넓다.

④ 반면 미시적 관점에서 예산제도의 개혁의 대상은 예산과정을 통한 예산의 규모와 사업선정에 관한 결정, 예산관리, 예산 통제 등을 원활히 할 수 있도록 고안된 분류체계, 분석기법을 망라한 기법과 방법을 뜻하는 것으로서, 즉 예산의 분류를 말한다.

(2) 예산개혁의 특징

① **목표지향성**: 정부가 예산운영에서 강조하는 관점과 시대의 변천에 따라서 다르게 나타나는 것이 예산개혁이다. 즉, 예산의 통제, 인플레이션의 억제, 목표 달성, 재원배분의 능률성, 가치판단을 포함한 목표결정 등 예산운영상 다양한 목표지향성을 가지고 있다.

② **새로운 개혁방법의 창출과 적용**: 예산개혁을 회계제도, 예산분류, 예산절차 등의 개선으로만 이해하여 예산기능이 함축하고 있는 정치·행정적 의미가 간과되지 않도록 해야 한다. 따라서 예산개혁을 통하여 새로운 기술과 방법, 그리고 절차를 도입·적용하고자 할 때에는 그 개혁방법과 수단들이 부처, 예산실, 국회 등의 예산결정자에게 미치는 영향과 수용태도를 고려해야 한다.

③ **의식적 노력과 저항 극복**: 예산개혁은 보다 나은 상태로 변화하기 위한 의식적·인위적인 노력이며, 계획된 활동이므로 개혁에 따른 예측 불허한 결과나 예산관계자의 저항유발을 극복해야 한다.

2. 대두배경

(1) 정부실패에 대한 반성과 전 세계적인 석유파동 등 일련의 국제적 위기로 OECD 선진국들은 최근에는 다각적인 예산개혁을 전개하고 있는데, 신성과주의적 예산제도를 선호하게 되었다.

(2) 신성과주의는 신공공관리론과 연계되어 산출과 결과중심적 예산적용과 아울러 국정 전반과 연계해서 관리한다는 점이 특징이며 성과주의와 구별된다.

(3) 중기재정계획(Mid-Term Expenditure Framework), Top-down 예산제도, 성과주의 예산제도, 그리고 프로그램예산제도 등은 선진국들이 공통적으로 도입하고 있는 제도들이다. 우리나라도 전통적 예산제도의

틀을 깨고 새로운 제도들을 받아들임으로써 선진국과 같은 PEMS(Public Expenditure Management System)을 갖게 되었다.

3. 우리나라의 대표적 예산개혁

(1) 국가재정운용계획

① 개념: 국가재정운용계획(MTEF)이란 중장기적 국가발전전략을 토대로 구체적 계획을 수립한 중기재정계획(5년 단위)을 국회에 제출하고 예산편성 등 재정운영에 반영하는 제도를 말한다.

② 배경
  ㉠ 재정역할의 중요성 증대: 국가발전전략으로서 재정의 역할은 경제·사회여건 변화에 따라 중요성이 점차 증대되고 있다.
  ㉡ 대내외적 상황 변화: 개방화의 속도와 폭이 확대되고 블록화의 확산, BRICs의 급속한 성장으로 국가 간 경쟁의 치열화와 대내적으로는 산업의 공동화가 우려되는 가운데 성장잠재력의 약화, 고령화, 가치관의 다원화 등으로 여러 사회문제 해결방법 모색이 필요하게 되었다.

③ 한국의 적용과정 및 상황
  ㉠ 한국식 MTEF의 공식적 도입(2004년)
  ㉡ 국가재정법에 의해 국회보고 및 대통령의 주도적 작성
  ㉢ 예산편성 시 자원배분에 적용(2005년부터)

④ 통합범위
국가재정운용계획은 재정규모와 구조를 정확하게 파악할 수 있고 자원배분과 재정수지 관리 등 전략적 재정운용이 가능하도록 일반회계, 특별회계, 기금을 포괄하는 통합재정기준으로 작성된다.

⑤ 수립과정

　ⓛ 각 사업부처의 사업계획의 소요예산제출(5년간 사업계획)

　ⓛ 기획예산처의 작업(재정수입, 경제상황, 재정수요 변화 고려)

　ⓛ 대통령의 계획 수립(기획예산처 장관의 건의에 의거)

　ⓛ 국무회의(MTEF의 확정)

⑥ 수록내용

　ⓛ 정부수립 이후 재정운용의 시대별 기조 및 재정지표 추이를 반영한 그동안의 재정운용 실적과 경제·사회여건과 세입여건을 포함한 향후 재정운용여건, 세출세입정책 및 재정시스템 혁신 등에 대한 재정운용 기본방향 등

　ⓛ 구체적으로는 '04 – 08' 국가재정운용계획에는 국방, SOC, 농어촌, 산업, 중소기업, 환경, 교육, 문화, 관광, 사회복지, R&D, 정보화, 균형발전, 외교통일, 사회안정, 국가서비스혁신 등 14개 분야에 대한 향후 5년간 정책방향 및 재원투자 규모 등

⑦ 기대효과

　ⓛ 전략적 자원배분 기능 강화

　ⓛ 성과관리체제의 확립에 기여

　ⓛ 총액배분 자율편성제도의 운영에 기여

(2) 총액배분·자율편성제도

① 개념: 기획예산처의 국가재정운용계획에 따라 각 중앙부처가 연도별 재정규모, 사업별 재원규모 등을 자율적으로 결정하는 Top – down 방식이다.

② 추진배경: 현재의 단년도 예산방식과 개별사업 검토 중심의 예산편성과 예산투입 중심의 재정운영은 국가사업의 우선순위에 입각하여 중기적·거시적 재원분석과 성과관리를 효율적으로 하기 어렵다는 인식

에서 4대 재정개혁의 일환으로 성립되었다.

③ 특징 및 기대효과

　㉠ 전략적 재원배분 방식: 각 부처의 사업별로 우선순위에 기초

　㉡ 합리적 재정운용체계 구축 가능: 무분별한 증액과 삭감관행 해소

　㉢ 부처별 자율성과 책임성 부여: 사업별 예산규모 결정으로 성과관리체계와의 연계 효과

　㉣ 재정의 투명성 제고: 예산편성과정에서 각 부처와 기획예산처가 주요 정보 공유(국무회의 활용)

　㉤ 예산의 분권화 및 집권화의 조화: 기획예산처와 사업부서와의 기능 배분

　㉥ 예산집행의 효율성 증진: 정책 및 기획중심의 예산과정 구현

(3) 성과주의 예산적용과 성과관리제도(새 행정학)

① 개념

　㉠ 기획예산처에서 시범대상기관을 선정하고 대상기관은 기예처가 요구하는 전략목표, 중간 및 성과목표, 성과지표 등을 사업 전에 제시하는 방식으로서 예산의 성과중심적 운영제도이다(1999년에 시작한 일명 성과주의 예산 시범사업).

　㉡ 성과주의 예산(시범사업제도)이 지속되지 못하였고, 참여정부에서는 성과관리제도로 전환되었다.

② 시범기관 및 제도내용

　㉠ 성과목표 달성의 수단과 방법, 성과지표를 검증할 수 있는 방법을 제시한다. 성과목표별로 예산을 표시하고 목표 달성과 성과제고에 필요한 자율권을 요구할 수 있다.

　㉡ 시범부서에 요구하는 각종 보고서의 종류와 내용을 미국 GPRA체제를 준용하였다.

ⓒ 성과강조, 예산편성 및 집행의 재량권, 단계별 접근, 인센티브 부여,
   성과공개 등을 포함하였다.

③ 목적
   ㉠ 정부예산운영의 효율성과 투명성 제고
   ㉡ 운영시스템 개선과 정부예산개혁의 일환

④ 성과주의 예산제도의 실패 이유
   ㉠ 성공 위한 기본조건 고려 불충분
      다양한 참여주체에 대한 필요성 인식과 참여 활성화 노력 미흡
   ㉡ 시범기관에서 제시한 성과지표에 대한 체계적 재검토 필요(투입 중
      심의 지표설정 사례 다수)
ⓒ 인센티브와 책임의 미연계

(4) 프로그램예산제도

① 개념
   ㉠ 프로그램예산(Program budget)이란 연관성이 높은 몇 개의 단위사
      업을 하나의 프로그램으로 묶어서 관리하여 재정운용의 효율성을
      높이는 예산제도를 말한다.
   ㉡ 국가정책 차원의 거시적 관점의 예산제도라는 점에서 PPBS와 공통
      점을 찾을 수 있다.

② 한국의 적용
디지털예산기획단은 중앙부처당 10~20개의 프로그램의 예산체계로 통
합·전환할 계획이다(6000여 개의 단위사업이 800여 개로 통합).

4. 선진국 예산개혁의 기본방향

(1) 예산개혁의 목표와 전략

① 선진국의 예산개혁의 목적은 각 부처와 기관의 책임자를 관료가 아닌 경영자로 바꾸는 데 있다. 이를 위한 전략은 조직운영상의 자율성과 신축성의 확대와 아울러 그 운영결과에 대한 책임의 강화에 두고 있다. 그러한 목표와 전략 차원에서 OECD 국가들의 예산개혁의 핵을 이루는 것이 성과중심의 예산제도이다.

② 최근의 성과중심의 예산제도가 과거의 시도와 다른 점
   ㉠ 공공관리의 모든 측면을 포괄하는 종합적인 접근방법(단순한 계량적 산출을 강조하는 것이 아니라 결과 면에서 총체적인 성과 및 효과, 서비스의 질 등을 강조)을 채택하고 있다는 점
   ㉡ 공공부문의 관리문화 전반에 걸친 변화가 필요하다고 인식한다는 점이다. 즉, 관리자의 경영철학과 정신이 변화되어야 하며, 그를 위한 적절한 방향 제시, 유도신호, 인센티브의 제공이 병행되어야 함을 강조하고 있다.

(2) 재정권의 위임과 신축성의 확대

선진국은 예산개혁전략의 히니로시 진통직인 중앙동세를 완화함으로써 관리자에게 재정권을 대폭 위임하고 신축성과 융통성을 확대 부여하며, 인센티브를 부여하고자 한다. 이를 통해 예산지출의 가치와 효율성을 높이는 데 역점을 둔다.

(3) 성과중심의 예산제도

성과중심의 예산편성방식은 과거의 투입 중심에서 예산지출의 성과 및 서

비스의 질을 중심으로 재구성하는 편성방식이며, 이를 결과중심의 예산제도라고 칭하기도 한다. 궁극적으로는 서비스의 질이 가장 중요한 지표가 되며, 이는 곧 행정을 수요자 중심으로 인식하도록 하는 발상의 전환이기도 하다.

5. 개혁적 예산 모형들

(1) 총괄배정예산제도

① 중앙예산기관에서 상한선을 정하고 총괄적인 규모로 각 부처에 재원을 배분한 후, 각 부처는 재원범위 내에서 사업 우선순위에 따라 예산을 편성하도록 하고, 중앙예산기관이 이를 최종적으로 조정하는 제도이다.

② 미국, 캐나다 등에서 시행하고 있는 지출대예산제도 등도 총괄배정예산제도를 기초로 하고 있다.

(2) 지출대예산제도(EEB: Expenditure Envelop Budget)

① 상층부에서 사업의 우선순위와 지출한도를 하향적으로 설정하고 각 부문별 예산규모 내에서 각 부처별로, 하부기관별로 사업대안을 자율적으로 선택하게 하여 하부기관의 예산결정권을 실질적으로 강화하고자 하며, 경제적 합리성보다는 정치적 합리성을 강조한다. 이는 각 부문의 정책과 정부 전체의 목표나 우선순위를 조화시키기 위한 것이다.

② 미국이나 캐나다 등에서 시행하고 있는 정책 및 지출관리제도가 있는데, 이 제도의 핵심적 장치가 5개년 재정계획과 지출대예산제도이다.

(3) 지출통제예산제도(ECB: Expenditure Contron Budget)

① 총괄배정예산제도와 유사한 것으로서, 각 부처가 부서 내의 모든 지

출항목(품목예산)을 없애 버리고, 부서의 책임자가 필요에 따라 물적 자원을 마음대로 전용할 수 있도록 하는 제도이다.

② 이러한 신축적인 지출의 효율화 노력으로 절감되는 예산은 다음 연도로 이월하여 해당 부처에서 사용할 수 있도록 효율성 배당을 인정한다. 이는 기존의 계획과 통제 위주의 예산이 아니라 신축성과 자율성 위주의 예산으로의 전환을 의미한다.

③ 미국 California 주의 Visalia 시에서 처음 시작된 것으로 여유재정의 비축과 서비스 향상에 크게 공헌하였다고 한다.

(4) 산출예산제도(OB: Output Budget)

① 공공재 및 서비스의 생산과정을 '투입(input) – 산출(output) – 효과(Outcomes)'의 단계로 구분하여 볼 때, 공공재화 및 서비스의 산출에 모든 초점을 맞추어 예산을 편성하는 제도이다.

② 1990년대 초 뉴질랜드 정부에서 시작되었으며, 뉴질랜드에서는 각 부처별로 장관과 사무차관 간에 성과협약에 따라 구매계약서가 체결되는데, 체결된 구매계약서를 통해 각 부처의 예산이 편성된다. 예산은 각 재화와 서비스의 생산에 대한 공급가격으로서 각 부처의 입장에서는 산출물에 대한 수입으로서의 의미를 갖게 된다. 이러한 생산에 실제 소요된 지출과 수입과의 비교를 통하여 재무성과표가 작성된다. 이러한 점에서 산출예산제도는 근본적으로 성과중심이 재무행정관리체계를 확립하기 위한 것이며, 산출예산제도에서는 실제의 지출과 수입의 정확한 파악을 위하여 발생주의 회계계리방식을 사용한다.

(5) 다년도 예산제도(MYB: Multi – Year Budget)

① 다년도 예산제도는 예산회계연도가 1년 단위일 경우에 발생하는 한계를 보완하고자 다년도를 예산회계연도 단위로 삼고자 하는 예산제도인데, 보통은 5년을 단위로 한다. 결국 다년도 예산제도는 계속비제도

의 취지를 모든 예산 분야로 확대하여 제도화하고자 하는 것이다.

② 다년도 예산제도는 해마다 반복되는 과중한 예산편성 시의 업무량 감소, 편성업무와 사업진행의 일관성과 효율성의 제고, 행정부의 입법부의 예산집행성과평가의 제고를 그 특징으로 한다.

(6) 운영예산제도(OB: Operating Budget)

① 기존의 행정경비에 해당되는 독립적인 경비들을 운영경비로 통합하고, 이렇게 통합된 운영경비의 상한선 범위 내에서는 관리자가 이를 재량껏 사용할 수 있도록 하여 재정운영의 탄력성을 강화하는 제도이다.

② 운영예산제도는 1987년 호주 정부로부터 비롯된 것이다.

<부록 1>

국가재정법

법률 제9280호(정부기업예산법) 2008. 12. 31.

제1장 총칙

제1조(목적)

이 법은 국가의 예산·기금·결산·성과관리 및 국가채무 등 재정에 관한 사항을 정함으로써 효율적이고 성과 지향적이며 투명한 재정운용과 건전재정의 기틀을 확립하는 것을 목적으로 한다.

제2조(회계연도)

국가의 회계연도는 매년 1월 1일에 시작하여 12월 31일에 종료한다.

제3조(회계연도 독립의 원칙)

각 회계연도의 경비는 그 연도의 세입 또는 수입으로 충당하여야 한다.

제4조(회계구분)

① 국가의 회계는 일반회계와 특별회계로 구분한다.

② 일반회계는 조세수입 등을 주요 세입으로 하여 국가의 일반적인 세출에 충당하기 위하여 설치한다.

③ 특별회계는 국가에서 특정한 사업을 운영하고자 할 때, 특정한 자금을 보유하여 운용하고자 할 때, 특정한 세입으로 특정한 세출에 충당함으로써 일반회계와 구분하여 계리할 필요가 있을 때에 법률로써 설

치하되, 별표 1에 규정된법률에 의하지 아니하고는 이를 설치할 수
없다.

제5조(기금의 설치)

① 기금은 국가가 특정한 목적을 위하여 특정한 자금을 신축적으로 운용
할 필요가 있을 때에 한하여 법률로써 설치하되, 정부의 출연금 또는
법률에 따른 민간부담금을 재원으로 하는 기금은 별표 2에 규정된 법
률에 의하지 아니하고는 이를 설치할 수 없다.

② 제1항의 규정에 따른 기금은 세입세출예산에 의하지 아니하고 운용할
수 있다.

제6조(독립기관 및 중앙관서)

① 이 법에서 '독립기관'이라 함은 국회·대법원· 헌법재판소 및 중앙
선거관리위원회를 말한다.

② 이 법에서 '중앙관서'라 함은 '헌법' 또는 '정부조직법' 그 밖의 법률
에 따라 설치된 중앙행정기관을 말한다.

③ 국회의 사무총장, 법원행정처장, 헌법재판소의 사무처장 및 중앙선거관
리위원회의 사무총장은 이 법의 적용에 있어 중앙관서의 장으로 본다.

제7조(국가재정운용계획의 수립 등)

① 정부는 재정운용의 효율화와 건전화를 위하여 매년 당해 회계연도부
터 5회계연도 이상의 기간에 대한 재정운용계획(이하 '국가재정운용
계획'이라 한다.)을 수립하여 회계연도 개시 90일 전까지 국회에 제출
하여야 한다.

② 국가재정운용계획에는 다음 각 호의 사항이 포함되어야 한다.

1. 재정운용의 기본방향과 목표

2. 중·장기 재정전망

3. 분야별 재원배분계획 및 투자방향

4. 재정규모증가율

5. 조세부담률 및 국민부담률 전망

6. 통합재정수지 및 국가채무에 대한 전망

7. 전년도에 수립한 국가재정운용계획에 대한 평가

8. 그 밖에 대통령령이 정하는 사항

③ 기획재정부장관은 국가재정운용계획을 수립함에 있어 필요한 때에는 관계 국가기관 또는 공공단체의 장에게 중·장기 대내·외 거시경제 전망 및 재정전망 등에 관하여 자료의 제출을 요청하거나, 관계 국가기관 또는 공공단체의 장과 이에 관하여 협의할 수 있다. [개정 2008. 2. 29. 제8852호(정부조직법)]

④ 기획재정부장관은 국가재정운용계획을 수립하는 때에는 관계 중앙관서의 장과 협의하여야 한다. [개정 2008. 2. 29. 제8852호(정부조직법)]

⑤ 제1항 내지 제4항에 규정된 사항 외에 국가재정운용계획의 수립에 관하여 필요한 사항은 대통령령으로 정한다.

⑥ 각 중앙관서의 장은 재정지출을 수반하는 중·장기계획을 수립하는 때에는 미리 기획재정부장관과 협의하여야 한다. [개정 2008. 2. 29. 제8852호(정부조직법)]

⑦ 지방자치단체의 장은 국가의 재정지원에 따라 수행되는 사업으로서 대통령령이 정하는 규모 이상인 사업의 계획을 수립하는 때에는 미리 관계 중앙관서의 장과 협의하여야 한다. 이 경우 중앙관서의 장은 기획재정부장관과 협의하여야 한다. [개정 2008. 2. 29. 제8852호(정부조직법)]

제8조(성과중심의 재정운용)

① 각 중앙관서의 장과 법률에 따라 기금을 관리·운용하는 자(기금의 관리 또는 운용 업무를 위탁받은 자를 제외하며, 이하 '기금관리주체'라 한다.)는 재정활동의 성과관리체계를 구축하여야 한다.

② 각 중앙관서의 장은 제31조 제1항에 따라 예산요구서를 제출할 때에 다음 연도 예산의 성과계획서 및 전년도 예산의 성과보고서('국가회

계법' 제14조 제4호에 따른 성과보고서를 말한다. 이하 이 조에서 같다.)를 기획재정부장관에게 함께 제출하여야 하며, 기금관리주체는 제66조 제5항에 따라 기금운용계획안을 제출할 때에 다음 연도 기금의 성과계획서 및 전년도 기금의 성과보고서를 기획재정부장관에게 함께 제출하여야 한다. [개정 2008. 2. 29. 제8852호(정부조직법), 2008. 12. 31.][시행일 2009. 1. 1.]

③ 각 중앙관서의 장과 기금관리주체는 '국가회계법'에서 정하는 바에 따라 예산 및 기금의 성과보고서를 작성하여야 한다. [개정 2008. 2. 29. 제8852호(정부조직법), 2008. 12. 31.][시행일 2009. 1. 1.]

④ 삭제 [2008. 12. 31.]

⑤ 기획재정부장관은 제2항에 따른 성과계획서 등에 관한 지침을 작성하여 각 중앙관서의 장과 기금관리주체에게 각각 통보하여야 한다. [개정 2008. 2. 29. 제8852호(정부조직법), 2008. 12. 31.][시행일 2009. 1. 1.]

⑥ 기획재정부장관은 대통령령이 정하는 바에 따라 주요 재정사업에 대한 평가를 실시하고 그 결과를 재정운용에 반영할 수 있다. [개정 2008. 2. 29. 제8852호(정부조직법)]

⑦ 기획재정부장관은 제6항의 규정에 따른 평가와 관련하여 전문적인 조사·연구 등이 필요한 때에는 관계 전문기관 등에 조사·연구 등을 위탁할 수 있다. [개정 2008. 2. 29. 제8852호(정부조직법)]

⑧ 기획재정부장관은 제6항의 규정에 따른 평가를 행함에 있어 필요하다고 인정하는 때에는 관계 행정기관의 장 등에 대하여 평가에 관한 의견 또는 자료의 제출을 요구할 수 있다. 이 경우 관계 행정기관의 장 등은 특별한 사유가 있는 경우를 제외하고는 이에 따라야 한다. [개정 2008. 2. 29. 제8852호(정부조직법)]

제9조(재정정보의 공표)

① 정부는 예산, 기금, 결산, 국채, 차입금, 국유재산의 현재액 및 통합재

정수지 그 밖에 대통령령이 정하는 국가와 지방자치단체의 재정에 관한 중요한 사항을 매년 1회 이상 정보통신매체·인쇄물 등 적당한 방법으로 알기 쉽고 투명하게 공표하여야 한다.

② 기획재정부장관은 각 중앙관서의 장에게 제1항의 규정에 따른 재정정보의 공표를 위하여 필요한 자료의 제출을 요구할 수 있다. [개정 2008. 2. 29. 제8852호(정부조직법)]

제10조(재정운용에 대한 의견수렴)

① 기획재정부장관은 재정운용에 대한 의견수렴을 위하여 각 중앙관서와 지방자치단체의 공무원 및 민간 전문가 등으로 구성된 재정정책자문회의(이하 '자문회의'라 한다.)를 운영하여야 한다. [개정 2008. 2. 29. 제8852호(정부조직법), 2008. 12. 31.][시행일 2009. 1. 1.]

② 기획재정부장관은 국가재정운용계획을 수립할 때, 매 회계연도의 예산안을 편성할 때와 기금운용계획안을 마련할 때에는 미리 자문회의의 의견수렴을 거쳐야 한다. [개정 2008. 2. 29. 제8852호(정부조직법), 2008. 12. 31.][시행일 2009. 1. 1.]

③ 자문회의의 구성·기능 및 운영 등에 관하여 필요한 사항은 대통령령으로 정한다. [개정 2008. 12. 31.][시행일 2009. 1. 1.]

제11조(업무의 관장)

① 예산, 결산 및 기금에 관한 사무는 기획재정부장관이 관장한다. [개정 2008. 2. 29. 제8852호(정부조직법)]

② 각 중앙관서의 장은 제1항의 규정에 따른 사무에 관한 법령을 제정·개정 또는 폐지하거나 제1항의 규정에 따른 사무와 관련되는 사항을 다른 법령에 규정하고자 하는 때에는 기획재정부장관과 협의하여야 한다. [개정 2008. 2. 29. 제8852호(정부조직법)]

제12조(출연금)

국가는 국가연구개발사업의 수행, 공공목적을 수행하는 기관의 운영 등

특정한 목적을 달성하기 위하여 법률에 근거가 있는 경우에는 해당 기관에
출연할 수 있다.

제13조(회계·기금 간 여유재원의 전입·전출)

① 정부는 국가재정의 효율적 운용을 위하여 필요한 경우에는 다른 법률
의 규정에 불구하고 회계 및 기금의 목적 수행에 지장을 초래하지 아
니하는 범위 안에서 회계와 기금 간 또는 회계 및 기금 상호간에 여
유재원을 전입 또는 전출하여 통합적으로 활용할 수 있다. 다만, 다음
각 호의 특별회계 및 기금을 제외한다. [개정 2008. 3. 28. 제9016호
(방사성폐기물 관리법)][시행일 2009. 1. 1.]

1. 우체국보험특별회계

2. 국민연금기금

3. 공무원연금기금

4. 사립학교교직원연금기금

5. 군인연금기금

6. 고용보험기금

7. 산업재해보상보험 및 예방기금

8. 임금채권보장기금

9. 방사성폐기물관리기금

10. 그 밖에 차입금이나 '부담금관리기본법' 제2조의 규정에 따른 부담금
    등을 주요 재원으로 하는 특별회계와 기금 중 대통령령이 정하는 특
    별회계와 기금

② 기획재정부장관은 제1항의 규정에 따라 전입·전출을 하고자 하는 때
에는 관계 중앙관서의 장 및 기금관리주체와 협의한 후 그 내용을 예
산안 또는 기금운용계획안에 반영하여야 한다. [개정 2008. 2. 29. 제
8852호(정부조직법)]

제14조(특별회계 및 기금의 신설에 관한 심사)

① 중앙관서의 장은 소관 사무와 관련하여 특별회계 또는 기금을 신설하

고자 하는 때에는 해당 법률안을 입법 예고하기 전에 특별회계 또는
기금의 신설에 관한 계획서(이하 이 조에서 '계획서'라 한다.)를 기획
재정부장관에게 제출하여 그 신설의 타당성에 관한 심사를 요청하여
야 한다. [개정 2008. 2. 29. 제8852호(정부조직법)]

② 기획재정부장관은 제1항의 규정에 따라 심사를 요청받은 경우 기금에
대해서는 제1호부터 제4호까지의 기준에 적합한지 여부를 심사하고,
특별회계에 대해서는 제4호 및 제5호의 기준에 적합한지 여부를 심사
하여야 한다. 이 경우 미리 자문회의에 자문하여야 한다. [개정 2008.
2. 29. 제8852호(정부조직법), 2008. 12. 31.][시행일 2009. 1. 1.]

1. 부담금 등 기금의 재원이 목적사업과 긴밀하게 연계되어 있을 것

2. 사업의 특성으로 인하여 신축적인 사업 추진이 필요할 것

3. 중·장기적으로 안정적인 재원조달과 사업 추진이 가능할 것

4. 일반회계나 기존의 특별회계·기금보다 새로운 특별회계나 기금으로
사업을 수행하는 것이 더 효과적일 것

5. 특정한 사업을 운영하거나 특정한 세입으로 특정한 세출에 충당함으로
써 일반회계와 구분하여 계리할 필요가 있을 것

③ 기획재정부장관은 제2항의 규정에 따른 심사결과 특별회계 또는 기금
의 신설이 제2항의 규정에 따른 심사기준에 부합하지 아니한다고 인
정하는 때에는 계획서를 제출한 중앙관서의 장에게 계획서의 재검토
또는 수정을 요청할 수 있다. [개정 2008. 2. 29. 제8852호(정부조직
법)]

제15조(특별회계 및 기금의 통합·폐지)

특별회계 및 기금이 다음 각 호의 어느 하나에 해당하는 경우에는 이를
폐지하거나 다른 특별회계 또는 기금과 통합할 수 있다.

1. 설치목적을 달성한 경우

2. 설치목적의 달성이 불가능하다고 판단되는 경우

3. 특별회계와 기금 간 또는 특별회계 및 기금 상호간에 유사하거나 중

복되게 설치된 경우

4. 그 밖에 재정운용의 효율성 및 투명성을 높이기 위하여 일반회계에서 통합 운용하는 것이 바람직하다고 판단되는 경우

제2장 예산

1

제1절 총칙

제16조(예산의 원칙)

정부는 예산의 편성 및 집행에 있어서 다음 각 호의 원칙을 준수하여야 한다.

1. 정부는 재정건전성의 확보를 위하여 최선을 다하여야 한다.
2. 정부는 국민부담의 최소화를 위하여 최선을 다하여야 한다.
3. 정부는 재정을 운용함에 있어 재정지출의 성과를 제고하여야 한다.
4. 정부는 예산과정의 투명성과 예산과정에의 국민참여를 제고하기 위하여 노력하여야 한다.
5. 정부는 예산이 여성과 남성에게 미치는 효과를 평가하고, 그 결과를 정부의 예산편성에 반영하기 위하여 노력하여야 한다.

제17조(예산총계주의)

① 한 회계연도의 모든 수입을 세입으로 하고, 모든 지출을 세출로 한다.
② 제53조에 규정된 사항을 제외하고는 세입과 세출은 모두 예산에 계상하여야 한다.

제18조(국가의 세출재원)

국가의 세출은 국채·차입금(외국정부·국제협력기구 및 외국법인으로부터 도입되는 차입자금을 포함한다. 이하 같다.) 외의 세입을 그 재원으로 한다. 다만, 부득이한 경우에는 국회의 의결을 얻은 금액의 범위 안에서 국

채 또는 차입금으로써 충당할 수 있다.

제19조(예산의 구성)

예산은 예산총칙·세입세출예산·계속비·명시이월비 및 국고채무부담행위를 총칭한다.

제20조(예산총칙)

① 예산총칙에는 세입세출예산·계속비·명시이월비 및 국고채무부담행위에 관한 총괄적 규정을 두는 외에 다음 각 호의 사항을 규정하여야 한다.

1. 제18조 단서의 규정에 따른 국채와 차입금의 한도액(중앙관서의 장이 관리하는 기금의 기금운용계획안에 계상된 국채발행 및 차입금의 한도액을 포함한다.)

2. '국고금관리법' 제32조의 규정에 따른 재정증권의 발행과 일시차입금의 최고액

3. 그 밖에 예산집행에 관하여 필요한 사항

② 정부는 기존 국채를 새로운 국채로 대체하기 위하여 필요한 경우에는 제1항 제1호의 한도액을 초과하여 국채를 발행할 수 있다. 이 경우 미리 국회에 이를 보고하여야 한다. [신설 2008. 12. 31.][시행일 2009. 1. 1.]

제21조(세입세출예산의 구분)

① 세입세출예산은 필요한 때에는 계정으로 구분할 수 있다.

② 세입세출예산은 독립기관 및 중앙관서의 소관별로 구분한 후 소관 내에서 일반회계·특별회계로 구분한다.

③ 세입예산은 제2항의 규정에 따른 구분에 따라 그 내용을 성질별로 관·항으로 구분하고, 세출예산은 제2항의 규정에 따른 구분에 따라 그 내용을 기능별·성질별 또는 기관별로 장·관·항으로 구분한다.

④ 예산의 구체적인 분류기준 및 세항과 각 경비의 성질에 따른 목의 구

분은 기획재정부장관이 정한다. [개정 2008. 2. 29. 제8852호(정부조직법)]

제22조(예비비)

① 정부는 예측할 수 없는 예산 외의 지출 또는 예산초과지출에 충당하기 위하여 일반회계예산총액의 100분의 1 이내의 금액을 예비비로 세입세출예산에 계상할 수 있다. 다만, 예산총칙 등에 따라 미리 사용목적을 지정해 놓은 예비비는 본문의 규정에 불구하고 별도로 세입세출예산에 계상할 수 있다.

② 제1항 단서의 규정에 불구하고 공무원의 보수 인상을 위한 인건비 충당을 위해서는 예비비의 사용목적을 지정할 수 없다.

제23조(계속비)

① 완성에 수 년도를 요하는 공사나 제조 및 연구개발사업은 그 경비의 총액과 연부액(年賦額)을 정하여 미리 국회의 의결을 얻은 범위 안에서 수 년도에 걸쳐서 지출할 수 있다.

② 제1항의 규정에 따라 국가가 지출할 수 있는 연한은 그 회계연도부터 5년 이내로 한다. 다만, 필요하다고 인정하는 때에는 국회의 의결을 거쳐 그 연한을 연장할 수 있다.

제24조(명시이월비)

① 세출예산 중 경비의 성질상 연도 내에 지출을 끝내지 못할 것이 예측되는 때에는 그 취지를 세입세출예산에 명시하여 미리 국회의 승인을 얻은 후 다음 연도에 이월하여 사용할 수 있다.

② 각 중앙관서의 장은 제1항의 규정에 따른 명시이월비에 대하여 예산집행상 부득이한 사유가 있는 때에는 사항마다 사유와 금액을 명백히 하여 기획재정부장관의 승인을 얻은 범위 안에서 다음 연도에 걸쳐서 지출하여야 할 지출원인행위를 할 수 있다. [개정 2008. 2. 29. 제8852호(정부조직법)]

③ 기획재정부장관은 제2항의 규정에 따라 다음 연도에 걸쳐서 지출하여
야 할 지출원인행위를 승인한 때에는 감사원에 통지하여야 한다. [개
정 2008. 2. 29. 제8852호(정부조직법)]

제25조(국고채무부담행위)

① 국가는 법률에 따른 것과 세출예산금액 또는 계속비의 총액의 범위
안의 것 외에 채무를 부담하는 행위를 하는 때에는 미리 예산으로써
국회의 의결을 얻어야 한다.

② 국가는 제1항에 규정된 것 외에 재해복구를 위하여 필요한 때에는 회
계연도마다 국회의 의결을 얻은 범위 안에서 채무를 부담하는 행위를
할 수 있다. 이 경우 그 행위는 일반회계 예비비의 사용절차에 준하
여 집행한다.

③ 국고채무부담행위는 사항마다 그 필요한 이유를 명백히 하고 그 행위
를 할 연도 및 상환연도와 채무부담의 금액을 표시하여야 한다.

제26조(성인지 예산서의 작성)

① 정부는 예산이 여성과 남성에게 미칠 영향을 미리 분석한 보고서[이
하 '성인지(性認知) 예산서'라 한다]를 작성하여야 한다.

② 성인지 예산서의 작성에 관한 구체적인 사항은 대통령령으로 정한다.

제27조(조세지출예산서의 작성)

① 기획재정부장관은 조세감면·비과세·수득공제·세액공제·우대세율
적용 또는 과세이연(과세이연) 등 조세특례에 따른 재정지원의 직전
회계연도 실적과 당해 회계연도 및 다음 회계연도의 추정금액을 기능
별·세목별로 분석한 보고서(이하 '조세지출예산서'라 한다.)를 작성
하여야 한다. [개정 2008. 2. 29. 제8852호(정부조직법)]

② 기획재정부장관은 조세지출예산서를 작성하기 위하여 필요한 때에는
관계 중앙관서의 장 등 대통령령이 정하는 자에게 자료제출을 요청할
수 있다. [개정 2008. 2. 29. 제8852호(정부조직법)]

③ 조세지출예산서의 구체적인 작성방법 등에 관해서는 대통령령으로 정
   한다.

제2절 예산안의 편성

제28조(중기사업계획서의 제출)

각 중앙관서의 장은 매년 1월 31일까지 당해 회계연도부터 5회계연도 이
상의 기간 동안의 신규사업 및 기획재정부장관이 정하는 주요 계속사업에
대한 중기사업계획서를 기획재정부장관에게 제출하여야 한다. [개정 2008.
2. 29. 제8852호(정부조직법)]

제29조(예산안편성지침의 통보)

① 기획재정부장관은 국무회의의 심의를 거쳐 대통령의 승인을 얻은 다
   음 연도의 예산안편성지침을 매년 4월 30일까지 각 중앙관서의 장에
   게 통보하여야 한다. [개정 2008. 2. 29. 제8852호(정부조직법)]
② 기획재정부장관은 제7조의 규정에 따른 국가재정운용계획과 예산편성
   을 연계하기 위하여 제1항의 규정에 따른 예산안편성지침에 중앙관서
   별 지출한도를 포함하여 통보할 수 있다. [개정 2008. 2. 29. 제8852
   호(정부조직법)]

제30조(예산안편성지침의 국회보고)

기획재정부장관은 제29조 제1항의 규정에 따라 각 중앙관서의 장에게 통
보한 예산안편성지침을 국회 예산결산특별위원회에 보고하여야 한다. [개정
2008. 2. 29. 제8852호(정부조직법)]

제31조(예산요구서의 제출)

① 각 중앙관서의 장은 제29조의 규정에 따른 예산안편성지침에 따라 그
   소관에 속하는 다음 연도의 세입세출예산·계속비·명시이월비 및 국
   고채무부담행위 요구서(이하 '예산요구서'라 한다.)를 작성하여 매년 6
   월 30일까지 기획재정부장관에게 제출하여야 한다. [개정 2008. 2.

29. 제8852호(정부조직법)]

② 예산요구서에는 대통령령이 정하는 바에 따라 예산의 편성 및 예산관리기법의 적용에 필요한 서류를 첨부하여야 한다.

③ 기획재정부장관은 제1항의 규정에 따라 제출된 예산요구서가 제29조의 규정에 따른 예산안편성지침에 부합하지 아니하는 때에는 기한을 정하여 이를 수정 또는 보완하도록 요구할 수 있다. [개정 2008. 2. 29. 제8852호(정부조직법)]

제32조(예산안의 편성)

기획재정부장관은 제31조 제1항의 규정에 따른 예산요구서에 따라 예산안을 편성하여 국무회의의 심의를 거친 후 대통령의 승인을 얻어야 한다. [개정 2008. 2. 29. 제8852호(정부조직법)]

제33조(예산안의 국회 제출)

정부는 제32조의 규정에 따라 대통령의 승인을 얻은 예산안을 회계연도 개시 90일 전까지 국회에 제출하여야 한다.

제34조(예산안의 첨부서류)

제33조의 규정에 따라 국회에 제출하는 예산안에는 다음 각 호의 서류를 첨부하여야 한다.

1. 세입세출예산 총계표 및 순계표
2. 세입세출예산 사업별설명서
3. 계속비에 관한 전년도 말까지의 지출액 또는 지출추정액, 당해 연도 이후의 지출예정액과 사업 전체의 계획 및 그 진행상황에 관한 명세서
4. 국고채무부담행위설명서
5. 국고채무부담행위로서 다음 연도 이후에 걸치는 것에 있어서는 전년도 말까지의 지출액 또는 지출추정액과 당해 연도 이후의 지출예정액에 관한 명세서
6. 예산정원표와 예산안편성기준단가

7. 국유재산의 전 전년도 말에 있어서의 현재액과 전년도 말과 당해 연
   도 말에 있어서의 현재액 추정에 관한 명세서

8. 제8조 제2항의 규정에 따른 성과계획서

9. 성인지 예산서

10. 조세지출예산서

11. 제40조 제2항 및 제41조의 규정에 따라 독립기관의 세출예산요구액
    을 감액하거나 감사원의 세출예산요구액을 감액한 때에는 그 규모
    및 이유와 감액에 대한 당해 기관의 장의 의견

12. 제91조의 규정에 따른 국가채무관리계획

13. 회계와 기금 간 또는 회계 상호간 여유재원의 전입·전출 명세서 그
    밖에 재정의 상황과 예산안의 내용을 명백히 할 수 있는 서류

제35조(국회 제출 중인 예산안의 수정)

정부는 예산안을 국회에 제출한 후 부득이한 사유로 인하여 그 내용의
일부를 수정하고자 하는 때에는 국무회의의 심의를 거쳐 대통령의 승인을
얻은 수정예산안을 국회에 제출할 수 있다.

제36조(예산안 첨부서류의 생략)

제35조 또는 제89조의 규정에 따른 수정예산안 또는 추가경정예산안을
편성하여 국회에 제출하는 때에는 제34조 각 호에 규정된 첨부서류의 일부
를 생략할 수 있다.

제37조(총액계상)

① 기획재정부장관은 대통령령이 정하는 사업으로서 세부내용을 미리 확
   정하기 곤란한 사업의 경우에는 이를 총액으로 예산에 계상할 수 있
   다. [개정 2008. 2. 29. 제8852호(정부조직법)]

② 제1항의 규정에 따른 총액계상사업의 총규모는 매 회계연도 예산의
   순계를 기준으로 대통령령이 정하는 비율을 초과할 수 없다.

③ 각 중앙관서의 장은 제1항의 규정에 따른 총액계상사업에 대해서는

예산배정 전에 예산배분에 관한 세부사업시행계획을 수립하여 기획재
정부장관과 협의하여야 하며, 그 세부집행실적을 회계연도 종료 후 3
개월 이내에 기획재정부장관에게 제출하여야 한다. [개정 2008. 2.
29. 제8852호(정부조직법)]

④ 각 중앙관서의 장은 제3항의 규정에 따른 총액계상사업의 세부사업시
행계획과 세부집행실적을 국회 예산결산특별위원회에 제출하여야 한다.

제38조(예비타당성 조사)

① 기획재정부장관은 대통령령이 정하는 대규모 사업에 대한 예산을 편
성하기 위하여 미리 예비타당성 조사를 실시하여야 한다. [개정 2008.
2. 29. 제8852호(정부조직법)]

② 제1항의 규정에 따라 실시하는 예비타당성 조사 대상사업은 기획재정
부장관이 중앙관서의 장의 신청에 따라 또는 직권으로 선정할 수 있
다. [개정 2008. 2. 29. 제8852호(정부조직법)]

③ 기획재정부장관은 국회가 그 의결로 요구하는 사업에 대해서는 예비
타당성 조사를 실시하여야 한다. [개정 2008. 2. 29. 제8852호(정부조
직법)]

④ 기획재정부장관은 제1항의 규정에 따른 예비타당성 조사 대상사업의
선정기준·조사수행기관·조사방법 및 절차 등에 관한 지침을 마련
하여 중앙관서의 장에게 통보하여야 한다. [개정 2008. 2. 29. 제8852
호(정부조직법)]

제39조(대규모 개발사업예산의 단계별 편성)

① 각 중앙관서의 장은 대통령령이 정하는 대규모 개발사업에 대해서는
타당성 조사 및 기본설계비·실시설계비·보상비(댐수몰지역에 대하
여 보상하는 경우와 공사완료 후 존속하는 어업권의 피해에 대하여
보상하는 경우를 제외한다.)와 공사비의 순서에 따라 그중 하나의 단
계에 소요되는 경비의 전부 또는 일부를 당해 연도의 예산으로 요구
하여야 한다. 다만, 부분완공 후 사용이 가능한 경우 등 사업의 효율

적인 추진을 위하여 기획재정부장관이 불가피하다고 인정하는 사업에 대해서는 2단계 이상의 예산을 동시에 요구할 수 있다. [개정 2008. 2. 29. 제8852호(정부조직법)]

② 기획재정부장관은 제1항의 규정에 따른 대규모 개발사업에 대해서는 동 항의 규정에 따른 요구에 따라 단계별로 당해 연도에 필요한 예산안을 편성하여야 한다. 이 경우 전체공정에 대한 실시설계가 완료되고 총사업비가 확정된 사업에 대해서는 그 사업이 지연되지 아니하도록 예산안을 적정하게 편성하여야 한다. [개정 2008. 2. 29. 제8852호(정부조직법)]

제40조(독립기관의 예산)

① 정부는 독립기관의 예산을 편성함에 있어 당해 독립기관의 장의 의견을 최대한 존중하여야 하며, 국가재정상황 등에 따라 조정이 필요한 때에는 당해 독립기관의 장과 미리 협의하여야 한다.

② 정부는 제1항의 규정에 따른 협의에도 불구하고 독립기관의 세출예산요구액을 감액하고자 할 때에는 국무회의에서 당해 독립기관의 장의 의견을 구하여야 하며, 정부가 독립기관의 세출예산요구액을 감액한 때에는 그 규모 및 이유, 감액에 대한 독립기관의 장의 의견을 국회에 제출하여야 한다.

제41조(감사원의 예산)

정부는 감사원의 세출예산요구액을 감액하고자 할 때에는 국무회의에서 감사원장의 의견을 구하여야 한다.

제3절 예산의 집행

제42조(예산배정요구서의 제출)

각 중앙관서의 장은 예산이 확정된 후 사업운영계획 및 이에 따른 세입세출예산·계속비와 국고채무부담행위를 포함한 예산배정요구서를 기획재정부장관에게 제출하여야 한다. [개정 2008. 2. 29. 제8852호(정부조직법)]

제43조(예산의 배정)

① 기획재정부장관은 제42조의 규정에 따른 예산배정요구서에 따라 분기별 예산배정계획을 작성하여 국무회의의 심의를 거친 후 대통령의 승인을 얻어야 한다. [개정 2008. 2. 29. 제8852호(정부조직법)]

② 기획재정부장관은 각 중앙관서의 장에게 예산을 배정한 때에는 감사원에 통지하여야 한다. [개정 2008. 2. 29. 제8852호(정부조직법)]

③ 기획재정부장관은 필요한 때에는 대통령령이 정하는 바에 따라 회계연도 개시 전에 예산을 배정할 수 있다. [개정 2008. 2. 29. 제8852호(정부조직법)]

④ 기획재정부장관은 예산의 효율적인 집행관리를 위하여 필요한 때에는 제1항의 규정에 따른 분기별 예산배정계획에 불구하고 개별사업계획을 검토하여 그 결과에 따라 예산을 배정할 수 있다. [개정 2008. 2. 29. 제8852호(정부조직법)]

⑤ 기획재정부장관은 재정수지의 적정한 관리 및 예산사업의 효율적인 집행관리 등을 위하여 필요한 때에는 제1항의 규정에 따른 분기별 예산배정계획을 조정하거나 예산배정을 유보할 수 있으며, 배정된 예산의 집행을 보류하도록 조치를 취할 수 있다. [개정 2008. 2. 29. 제8852호(정부조직법)]

제44조(예산집행지침의 통보)

기획재정부장관은 예산집행의 효율성을 높이기 위하여 매년 예산집행에 관한 지침을 작성하여 각 중앙관서의 장에게 통보하여야 한다. [개정 2008. 2. 29. 제8852호(정부조직법)]

제45조(예산의 목적 외 사용금지)

각 중앙관서의 장은 세출예산이 정한 목적 외에 경비를 사용할 수 없다.

제46조(예산의 전용)

① 각 중앙관서의 장은 예산의 목적범위 안에서 재원의 효율적 활용을

위하여 대통령령이 정하는 바에 따라 기획재정부장관의 승인을 얻어 각 세항 또는 목의 금액을 전용할 수 있다. 이 경우 사업 간의 유사성이 있는지, 재해대책 재원 등으로 사용할 시급한 필요가 있는지, 기관운영을 위한 경비의 충당을 위한 것인지 여부 등을 종합적으로 고려하여야 한다. [개정 2008. 2. 29. 제8852호(정부조직법)]

② 각 중앙관서의 장은 제1항의 규정에 불구하고 회계연도마다 기획재정부장관이 위임하는 범위 안에서 각 세항 또는 목의 금액을 자체적으로 전용할 수 있다. [개정 2008. 2. 29. 제8852호(정부조직법)]

③ 기획재정부장관은 제1항의 규정에 따라 전용의 승인을 한 때에는 그 전용명세서를 그 중앙관서의 장 및 감사원에 각각 송부하여야 하며, 각 중앙관서의 장은 제2항의 규정에 따라 전용을 한 때에는 전용을 한 과목별 금액 및 이유를 명시한 명세서를 기획재정부장관 및 감사원에 각각 송부하여야 한다. [개정 2008. 2. 29. 제8852호(정부조직법)]

④ 제1항 또는 제2항의 규정에 따라 전용한 경비의 금액은 세입세출결산보고서에 이를 명백히 하고 이유를 기재하여야 한다.

제47조(예산의 이용·이체)

① 각 중앙관서의 장은 예산이 정한 각 기관 간 또는 각 장·관·항 간에 상호 이용(이용)할 수 없다. 다만, 예산집행상 필요에 따라 미리 예산으로써 국회의 의결을 얻은 때에는 기획재정부장관의 승인을 얻어 이용하거나 기획재정부장관이 위임하는 범위 안에서 자체적으로 이용할 수 있다. [개정 2008. 2. 29. 제8852호(정부조직법)]

② 기획재정부장관은 정부조직 등에 관한 법령의 제정·개정 또는 폐지로 인하여 중앙관서의 직무와 권한에 변동이 있는 때에는 그 중앙관서의 장의 요구에 따라 그 예산을 상호 이용하거나 이체(이체)할 수 있다. [개정 2008. 2. 29. 제8852호(정부조직법)]

③ 각 중앙관서의 장은 제1항 단서의 규정에 따라 예산을 자체적으로 이용한 때에는 기획재정부장관 및 감사원에 각각 통지하여야 하며, 기

획재정부장관은 제1항 단서의 규정에 따라 이용의 승인을 하거나 제2항의 규정에 따라 예산을 이용 또는 이체한 때에는 그 중앙관서의 장및 감사원에 각각 통지하여야 한다. [개정 2008. 2. 29. 제8852호(정부조직법)]

제48조(세출예산의 이월)

① 매 회계연도의 세출예산은 다음 연도에 이월하여 사용할 수 없다.

② 제1항의 규정에 불구하고 다음 각 호의 어느 하나에 해당하는 경비의 금액은 다음 회계연도에 이월하여 사용할 수 있다. 이 경우 이월액은 다른 용도로 사용할 수 없으며, 제2호에 해당하는 경비의 금액은 재이월할 수 없다.

1. 명시이월비

2. 연도 내에 지출원인행위를 하고 불가피한 사유로 인하여 연도 내에 지출하지 못한 경비와 지출원인행위를 하지 아니한 그 부대경비

3. 지출원인행위를 위하여 입찰공고를 한 경비 중 입찰공고 후 지출원인행위까지 장기간이 소요되는 경우로서 대통령령이 정하는 경비

4. 공익사업의 시행에 필요한 손실보상비로서 대통령령이 정하는 경비

5. 경상적 성격의 경비로서 대통령령이 정하는 경비

③ 제1항의 규정에 불구하고 계속비의 연도별 연부액 중 당해 연도에 지출하지 못한 금액은 계속비사업의 완성 연도까지 계속 이월하여 사용할 수 있다.

④ 각 중앙관서의 장은 제2항 및 제3항의 규정에 따라 예산을 이월하는 때에는 대통령령이 정하는 바에 따라 이월명세서를 작성하여 다음 연도 1월 31일까지 기획재정부장관 및 감사원에 각각 송부하여야 한다. [개정 2008. 2. 29. 제8852호(정부조직법)]

⑤ 각 중앙관서의 장이 제2항 및 제3항의 규정에 따라 예산을 이월한 경우 이월하는 과목별 금액은 다음 연도의 이월예산으로 배정된 것으로 본다.

⑥ 매 회계연도 세입세출의 결산상 잉여금이 발생하는 경우에는 제2항 및 제3항의 규정에 따른 세출예산 이월액에 상당하는 금액을 다음 연도의 세입에 우선적으로 이입하여야 한다.

⑦ 기획재정부장관은 세입징수상황 등을 감안하여 필요하다고 인정하는 때에는 미리 제2항 및 제3항의 규정에 따른 세출예산의 이월사용을 제한하기 위한 조치를 취할 수 있다. [개정 2008. 2. 29. 제8852호(정부조직법)]

제49조(예산성과금의 지급 등)

① 각 중앙관서의 장은 예산의 집행방법 또는 제도의 개선 등으로 인하여 수입이 증대되거나 지출이 절약된 때에는 이에 기여한 자에게 성과금을 지급할 수 있으며, 절약된 예산을 다른 사업에 사용할 수 있다.

② 각 중앙관서의 장은 제1항의 규정에 따라 성과금을 지급하거나 절약된 예산을 다른 사업에 사용하고자 하는 때에는 예산성과금심사위원회의 심사를 거쳐야 한다.

③ 제1항 및 제2항의 규정에 따른 성과금 지급, 절약된 예산의 다른 사업에의 사용 및 예산성과금심사위원회의 구성·운영 등에 관하여 필요한 사항은 대통령령으로 정한다.

제50조(총사업비의 관리)

① 각 중앙관서의 장은 완성에 2년 이상이 소요되는 사업으로서 대통령령이 정하는 대규모 사업에 대해서는 그 사업규모·총사업비 및 사업기간을 정하여 미리 기획재정부장관과 협의하여야 한다. 협의를 거친 사업규모·총사업비 또는 사업기간을 변경하고자 하는 때에도 또한 같다. [개정 2008. 2. 29. 제8852호(정부조직법)]

② 기획재정부장관은 제1항의 규정에 따른 사업 중 총사업비가 일정 규모 이상 증가하는 등 대통령령이 정하는 요건에 해당하는 사업에 대해서는 사업의 타당성을 재조사하여야 한다. [개정 2008. 2. 29. 제8852호(정부조직법)]

③ 기획재정부장관은 국회가 그 의결로 요구하는 사업에 대해서는 사업의 타당성을 재조사하여야 한다. [개정 2008. 2. 29. 제8852호(정부조직법)]

④ 기획재정부장관은 총사업비 관리에 관한 지침을 마련하여 각 중앙관서의 장에게 통보하여야 한다. [개정 2008. 2. 29. 제8852호(정부조직법)]

제51조(예비비의 관리와 사용)

① 예비비는 기획재정부장관이 관리한다. [개정 2008. 2. 29. 제8852호(정부조직법)]

② 각 중앙관서의 장은 예비비의 사용이 필요한 때에는 그 이유 및 금액과 추산의 기초를 명백히 한 명세서를 작성하여 기획재정부장관에게 제출하여야 한다. 다만, 대규모 자연재해에 따른 피해의 신속한 복구를 위하여 필요한 때에는 '재난 및 안전관리기본법' 제20조의 규정에 따른 피해상황보고를 기초로 긴급재해구호 및 복구에 소요되는 금액을 개산(槪算)하여 예비비를 신청할 수 있다. [개정 2008. 2. 29. 제8852호(정부조직법)]

③ 기획재정부장관은 제2항의 규정에 따른 예비비 신청을 심사한 후 필요하다고 인정하는 때에는 이를 조정하고 예비비사용계획명세서를 작성한 후 국무회의의 심의를 거쳐 대통령의 승인을 얻어야 한다. [개정 2008. 2. 29. 제8852호(정부조직법)]

④ 일반회계로부터 전입받은 특별회계는 필요한 경우에는 일반회계 예비비를 전입받아 그 특별회계의 세출로 사용할 수 있다.

제52조(예비비사용명세서의 작성 및 국회 제출)

① 각 중앙관서의 장은 예비비로 사용한 금액의 명세서를 작성하여 다음 연도 2월 말까지 기획재정부장관에게 제출하여야 한다. [개정 2008. 2. 29. 제8852호(정부조직법)]

② 기획재정부장관은 제1항의 규정에 따라 제출된 명세서에 따라 예비비로 사용한 금액의 총괄명세서를 작성한 후 국무회의의 심의를 거쳐 대

통령의 승인을 얻어야 한다. [개정 2008. 2. 29. 제8852호(정부조직법)]

③ 기획재정부장관은 제2항의 규정에 따라 대통령의 승인을 얻은 총괄명세서를 감사원에 제출하여야 한다. [개정 2008. 2. 29. 제8852호(정부조직법)]

④ 정부는 예비비로 사용한 금액의 총괄명세서를 다음 연도 5월 31일까지 국회에 제출하여 그 승인을 얻어야 한다.

제53조(예산총계주의 원칙의 예외)

① 각 중앙관서의 장은 용역 또는 시설을 제공하여 발생하는 수입과 관련되는 경비로서 대통령령이 정하는 경비(이하 '수입대체경비'라 한다.)에 있어 수입이 예산을 초과하거나 초과할 것이 예상되는 때에는 그 초과수입을 대통령령이 정하는 바에 따라 그 초과수입에 직접 관련되는 경비 및 이에 수반되는 경비에 초과 지출할 수 있다.

② 국가가 현물로 출자하는 경우와 외국차관을 도입하여 전대하는 경우에는 이를 세입세출예산 외로 처리할 수 있다.

③ 차관물자대의 경우 전년도 인출예정분의 부득이한 이월 또는 환율 및 금리의 변동으로 인하여 세입이 그 세입예산을 초과하게 되는 때에는 그 세출예산을 초과하여 지출할 수 있다.

④ 전대차관을 상환하는 경우 환율 및 금리의 변동, 기한 전 상환으로 인하여 원리금 상환액이 그 세출예산을 초과하게 되는 때에는 초과한 범위 안에서 그 세출예산을 초과하여 지출할 수 있다.

⑤ 각 중앙관서의 장은 제12조의 규정에 따라 출연금이 지원된 국가연구개발사업의 개발 성과물 사용에 따른 대가를 기획재정부장관과의 협의를 거쳐 세입세출예산 외로 사용할 수 있다. 이 경우 수입·지출에 관한 내역을 국회 예산결산특별위원회에 보고하여야 한다. [개정 2008. 2. 29. 제8852호(정부조직법)]

⑥ 수입대체경비 등 예산총계주의 원칙의 예외에 관하여 필요한 사항은 대통령령으로 정한다.

제54조(지방자치단체 보조금의 관리)

각 중앙관서의 장은 지방자치단체에 지원한 국고보조금의 집행실적을 기획재정부장관, 국회 소관 상임위원회 및 예산결산특별위원회에 각각 제출하여야 한다. [개정 2008. 2. 29. 제8852호(정부조직법)]

제55조(예산불확정 시의 예산집행)

① 정부는 국회에서 부득이한 사유로 회계연도 개시 전까지 예산안이 의결되지 못한 때에는 '헌법' 제54조 제3항의 규정에 따라 예산을 집행하여야 한다.

② 제1항의 규정에 따라 집행된 예산은 당해 연도의 예산이 확정된 때에는 그 확정된 예산에 따라 집행된 것으로 본다.

제3장 결산

제56조(결산의 원칙)

정부는 결산이 '국가회계법'에 따라 재정에 관한 유용하고 적정한 정보를 제공할 수 있도록 객관적인 자료와 증거에 따라 공정하게 이루어지게 하여야 한다. [개정 2008. 12. 31.][시행일 2009. 1. 1.]

제57조(성인지 결산서의 작성)

① 정부는 여성과 남성이 동등하게 예산의 수혜를 받고 예산이 성차별을 개선하는 방향으로 집행되었는지를 평가하는 보고서(이하 '성인지 결산서'라 한다.)를 작성하여야 한다.

② 삭제 [2008. 12. 31.]

제58조(중앙관서결산보고서의 작성 및 제출)

① 각 중앙관서의 장은 '국가회계법'에서 정하는 바에 따라 회계연도마다 작성한 결산보고서(이하 '중앙관서결산보고서'라 한다.)를 다음 연

도 2월 말일까지 기획재정부장관에게 제출하여야 한다. [개정 2008.
12. 31.][시행일 2009. 1. 1.]

② 국회의 사무총장, 법원행정처장, 헌법재판소의 사무처장 및 중앙선거
관리위원회의 사무총장은 회계연도마다 예비금사용명세서를 작성하여
다음 연도 2월 말까지 기획재정부장관에게 제출하여야 한다. [개정
2008. 2. 29. 제8852호(정부조직법)]

③ 삭제 [2008. 12. 31.]

④ 삭제 [2008. 12. 31.]

제59조(국가결산보고서의작성 및 제출)

기획재정부장관은 '국가회계법'에서 정하는 바에 따라 회계연도마다 작성
하여 대통령의 승인을 받은 국가결산보고서를 다음 연도 4월 10일까지 감
사원에 제출하여야 한다.

[전문개정 2008. 12. 31.]

제60조(결산검사)

감사원은 제59조에 따라 제출된 국가결산보고서를 검사하고 그 보고서를
다음 연도 5월 20일까지 기획재정부장관에게 송부하여야 한다. [개정 2008.
2. 29. 제8852호(정부조직법), 2008. 12. 31.][시행일 2009. 1. 1.]

제61조(국가결산보고서의 국회 제출)

정부는 제60조에 따라 감사원의 검사를 거친 국가결산보고서를 다음 연
도 5월 31일까지 국회에 제출하여야 한다. [개정 2008. 12. 31.][시행일
2009. 1. 1.]

[본 조 제목개정 2008. 12. 31.]

제4장 기금

제62조(기금관리 · 운용의 원칙)

① 기금관리주체는 그 기금의 설치목적과 공익에 맞게 기금을 관리 · 운용하여야 한다.

② 삭제 [2008. 12. 31.]

제63조(기금자산운용의 원칙)

① 기금관리주체는 안정성 · 유동성 · 수익성 및 공공성을 고려하여 기금자산을 투명하고 효율적으로 운용하여야 한다.

② 기금관리주체는 제79조의 규정에 따라 작성된 자산운용지침에 따라 자산을 운용하여야 한다.

③ 기금관리주체는 '자본시장과 금융투자업에 관한 법률'에 따른 사모투자전문회사의 무한책임 사원이 될 수 없다. [개정 2008. 12. 31.][시행일 2009. 2. 4.]

제64조(의결권 행사의 원칙)

기금관리주체는 기금이 보유하고 있는 주식의 의결권을 기금의 이익을 위하여 신의에 따라 성실하게 행사하고, 그 행사내용을 공시하여야 한다.

제65조(다른 법률과의 관계)

기금운용계획안의 작성 및 제출 등에 관해서는 다른 법률에 다른 규정이 있는 경우에도 제66조부터 제72조까지의 규정을 적용한다. 다만, 기금신설로 인하여 연도 중 기금운용계획안을 수립할 때에는 제66조 제5항, 제68조 제1항 전단의 규정 중 제출시기에 관한 사항은 적용하지 아니한다. [개정 2008. 12. 31.][시행일 2009. 1. 1.]

제66조(기금운용계획안의 수립)

① 기금관리주체는 매년 1월 31일까지 당해 회계연도부터 5회계연도 이

상의 기간 동안의 신규사업 및 기획재정부장관이 정하는 주요 계속사업에 대한 중기사업계획서를 기획재정부장관에게 제출하여야 한다. [개정 2008. 2. 29. 제8852호(정부조직법)]

② 기획재정부장관은 자문회의의 자문과 국무회의의 심의를 거쳐 대통령의 승인을 얻은 다음 연도의 기금운용계획안 작성지침을 매년 4월 30일까지 기금관리주체에게 통보하여야 한다. [개정 2008. 2. 29. 제8852호(정부조직법), 2008. 12. 31.][시행일 2009. 1. 1.]

③ 기획재정부장관은 제7조의 규정에 따른 국가재정운용계획과 기금운용계획 수립을 연계하기 위하여 제2항의 규정에 따른 기금운용계획안 작성지침에 기금별 지출한도를 포함하여 통보할 수 있다. [개정 2008. 2. 29. 제8852호(정부조직법)]

④ 기획재정부장관은 제2항의 규정에 따라 기금관리주체에게 통보한 기금운용계획안 작성지침을 국회 예산결산특별위원회에 보고하여야 한다. [개정 2008. 2. 29. 제8852호(정부조직법)]

⑤ 기금관리주체는 제2항의 규정에 따른 기금운용계획안 작성지침에 따라 다음 연도의 기금운용계획안을 작성하여 매년 6월 30일까지 기획재정부장관에게 제출하여야 한다. [개정 2008. 2. 29. 제8852호(정부조직법)]

⑥ 기획재정부장관은 제5항의 규정에 따라 제출된 기금운용계획안에 대하여 기금관리주체와 협의·조정하여 기금운용계획안을 마련한 후 국무회의의 심의를 거쳐 대통령의 승인을 얻어야 한다. [개정 2008. 2. 29. 제8852호(정부조직법)]

⑦ 기획재정부장관은 제6항의 규정에 따라 기금운용계획안을 조정함에 있어 과도한 여유재원이 운용되고 있는 기금(구조적인 요인을 지닌 연금성 기금을 제외한다.)에 대해서는 예산상의 지원을 중단하거나 당해 기금수입의 원천이 되는 부담금 등의 감소를 위한 조치를 취할 것을 기금관리주체에게 요구할 수 있다. 이 경우 기금관리주체가 중앙관서의 장이 아닌 경우에는 그 소관 중앙관서의 장을 거쳐야 한다.

[개정 2008. 2. 29. 제8852호(정부조직법)]

⑧ 제1항·제5항 및 제6항에 규정된 기금관리주체 중 중앙관서의 장이
아닌 기금관리주체는 각각 동 항에 규정된 제출·협의 등에 있어 소
관 중앙관서의 장을 거쳐야 한다.

제67조(기금운용계획안의 내용)

① 기금운용계획안은 운용총칙과 자금운용계획으로 구성된다.

② 운용총칙에는 기금의 사업목표, 자금의 조달과 운용(주식 및 부동산
취득한도를 포함한다.) 및 자산취득에 관한 총괄적 사항을 규정한다.

③ 자금운용계획은 수입계획과 지출계획으로 구분하되, 수입계획은 성질
별로 구분하고 지출계획은 성질별 또는 사업별로 주요항목 및 세부항
목으로 구분한다. 이 경우 주요항목의 단위는 장·관·항으로, 세부
항목의 단위는 세항·목으로 각각 구분한다.

④ 기금운용계획안의 작성에 관하여 필요한 사항은 대통령령으로 정한다.

제68조(기금운용계획안의 국회 제출 등)

① 정부는 제67조 제3항의 규정에 따른 주요항목 단위로 마련된 기금운
용계획안을 회계연도 개시 90일 전까지 국회에 제출하여야 한다. 이
경우 중앙관서의 장이 관리하는 기금의 기금운용계획안에 계상된 국
채발행 및 차입금의 한도액은 제20조의 규정에 따른 예산총칙에 규정
하여야 한다.

② 기금관리주체는 기금운용계획이 확정된 때에는 기금의 월별 수입 및
지출계획서를 작성하여 회계연도 개시 전까지 기획재정부장관에게 제
출하여야 한다. [개정 2008. 2. 29. 제8852호(정부조직법)]

제69조(증액 동의)

국회는 정부가 제출한 기금운용계획안의 주요항목 지출금액을 증액하거나
새로운 과목을 설치하고자 하는 때에는 미리 정부의 동의를 얻어야 한다.

제70조(기금운용계획의 변경)

① 기금관리주체는 지출계획의 주요항목 지출금액의 범위 안에서 대통령령이 정하는 바에 따라 세부항목 지출금액을 변경할 수 있다.

② 기금관리주체(기금관리주체가 중앙관서의 장이 아닌 경우에는 소관 중앙관서의 장을 말한다.)는 기금운용계획 중 주요항목 지출금액을 변경하고자 하는 때에는 기획재정부장관과 협의·조정하여 마련한 기금운용계획변경안을 국무회의의 심의를 거쳐 대통령의 승인을 얻은 후 국회에 제출하여야 한다. [개정 2008. 2. 29. 제8852호(정부조직법)]

③ 제2항에도 불구하고 주요항목 지출금액이 다음 각 호의 어느 하나에 해당하는 경우에는 기금운용계획변경안을 국회에 제출하지 아니하고 대통령령으로 정하는 바에 따라 변경할 수 있다. [개정 2008. 12. 31.][시행일 2009. 1. 1.]

1. 별표 3에 규정된 금융성 기금 외의 기금은 주요항목 지출금액의 변경범위가 10분의 2 이하

2. 별표 3에 규정된 금융성 기금은 주요항목 지출금액의 변경범위가 10분의 3 이하. 다만, 기금의 관리 및 운영에 소요되는 경상비에 해당하는 주요항목 지출금액에 대해서는 10분의 2 이하로 한다.

3. 다른 법률의 규정에 따른 의무적 지출금액

4. 다음 각 목의 어느 하나에 해당하는 지출금액

가. 기금운용계획상 여유자금 운용으로 계상된 지출금액

나. 수입이 기금운용계획상의 수입계획을 초과하거나 초과할 것이 예상되는 경우 그 초과수입과 직접 관련되는 지출금액

다. 환율 및 금리의 변동, 기한 전 상환으로 인한 차입금 원리금 상환 지출금액

5. 기존 국채를 새로운 국채로 대체하기 위한 국채 원리금 상환

6. 일반회계예산의 세입 부족을 보전하기 위한 목적으로 해당 연도에 이미 발행한 국채의 금액 범위에서 해당 연도에 예상되는 초과 조세수

④ 기금관리주체는 제1항부터 제3항까지의 규정에 따라 세부항목 또는 주요항목의 지출금액을 변경한 때에는 변경명세서를 기획재정부장관과 감사원에 각각 제출하여야 하며, 정부는 제61조에 따라 국회에 제출하는 국가결산보고서에 그 내용과 사유를 명시하여야 한다. [개정 2008. 2. 29. 제8852호(정부조직법), 2008. 12. 31.][시행일 2009. 1. 1.]

⑤ 기금관리주체는 제3항 제4호 다목, 같은 항 제5호 및 제6호에 따라 지출금액을 변경한 때(주요항목 지출금액의 변경범위가 10분의 2를 초과한 경우에 한정한다.)에는 변경명세서를 국회 소관 상임위원회 및 예산결산특별위원회에 제출하여야 한다. 이 경우 변경명세서에는 국채 발행 및 상환 실적을 포함하여야 한다. [신설 2008. 12. 31.][시행일 2009. 1. 1.]

⑥ 제2항부터 제5항까지의 경우 경유기관에 관해서는 제66조 제8항의 규정을 준용한다. [개정 2008. 12. 31.][시행일 2009. 1. 1.]

제71조(기금운용계획안 등의 첨부서류)

정부 또는 기금관리주체는 제68조 제1항 및 제70조 제2항에 따라 기금운용계획안과 기금운용계획변경안(이하 '기금운용계획안 등'이라 한다.)을 국회에 제출하는 경우에는 다음 각 호의 서류를 첨부하여야 한다. 다만, 기금운용계획변경안을 제출하는 경우로서 첨부서류가 이미 제출된 서류와 중복되는 때에는 이를 생략할 수 있다. [개정 2008. 12. 31.][시행일 2009. 1. 1.]

1. 기금조성계획
2. 추정재정상태표 및 추정재정운영표
3. 수입지출계획의 총계표·순계표 및 주요항목별 내역서
4. 제8조 제2항의 규정에 따른 성과계획서
5. 기금과 회계 간 또는 기금 상호간 여유재원의 전입·전출 명세서 그 밖에 기금운용계획안 등의 내용을 명백히 할 수 있는 서류

[본 조 제목개정 2008. 12. 31.]

제72조(지출사업의 이월)

① 기금관리주체는 매 회계연도의 지출금액을 다음 연도에 이월하여 사용할 수 없다. 다만, 연도 내에 지출원인행위를 하고 불가피한 사유로 연도 내에 지출하지 못한 금액은 다음 연도에 이월하여 사용할 수 있다.

② 기금관리주체는 제1항 단서의 규정에 따라 지출금액을 이월하는 때에는 대통령령이 정하는 바에 따라 이월명세서를 작성하여 다음 연도 1월 31일까지 기획재정부장관과 감사원에 각각 송부하여야 한다. 이 경우 경유기관에 관해서는 제66조 제8항의 규정을 준용한다. [개정 2008. 2. 29. 제8852호(정부조직법)]

제73조(기금결산 등)

각 중앙관서의 장은 '국가회계법'에서 정하는 바에 따라 회계연도마다 소관 기금의 결산보고서를 중앙관서결산보고서에 통합하여 작성한 후 제58조 제1항에 따라 기획재정부장관에게 제출하여야 한다.

[전문개정 2008. 12. 31.][시행일 2009. 1. 1.]

제74조(기금운용심의회)

① 기금관리주체는 기금의 관리·운용에 관한 중요한 사항을 심의하기 위하여 기금별로 기금운용심의회(이하 '심의회'라 한다.)를 설치하여야 한다. 다만, 심의회를 설치할 필요가 없다고 인정되는 기금의 경우에는 기획재정부장관과 협의하여 설치하지 아니할 수 있다. [개정 2008. 2. 29. 제8852호(정부조직법), 2008. 12. 31.][시행일 2009. 1. 1.]

② 다음 각 호의 사항은 심의회의 심의를 거쳐야 한다.

1. 제66조 제5항의 규정에 따른 기금운용계획안의 작성

2. 제70조 제2항 및 제3항의 규정에 따른 주요항목 지출금액의 변경

3. 제73조에 따른 기금결산보고서의 작성

4. 제79조의 규정에 따른 자산운용지침의 제정 및 개정

5. 기금의 관리·운용에 관한 중요사항으로서 대통령령이 정하는 사항과

기금관리주체가 필요하다고 인정하여 부의하는 사항

③ 심의회의 위원장은 기금관리주체의 장이 되며, 위원은 위원장이 위촉하되, 학식과 경험이 풍부한 자로서 공무원이 아닌 자를 2분의 1 이상 위촉하여야 한다.

④ 그 밖에 심의회의 구성과 운영에 관하여 필요한 사항은 대통령령으로 정한다.

⑤ 기금의 관리·운용에 관한 사항을 심의하기 위하여 다른 법률에 따라 설치된 위원회 등은 이를 심의회로 보며, 그 위원회 등이 다른 법률에 따라 심의하여야 하는 사항은 제2항 각 호의 심의사항에 해당하는 것으로 본다.

제75조 삭제 [2008. 12. 31.]

제76조(자산운용위원회)

① 전전 회계연도 말에 보유한 여유자금의 규모가 1조 원을 초과하는 기금('외국환거래법' 제13조의 규정에 따른 외국환평형기금을 제외한다.)의 기금관리주체는 자산운용에 관한 중요한 사항을 심의하기 위하여 심의회에 자산운용위원회(이하 '자산운용위원회'라 한다.)를 설치하여야 한다. 다만, 다른 법률에 따로 정한 바가 있는 경우에는 그 법률에 따른다.

② 다음 각 호의 사항은 자산운용위원회의 심의를 거쳐야 한다.

1. 제77조의 규정에 따른 자산운용 전담부서의 설치 등에 관한 사항

2. 제79조의 규정에 따른 자산운용지침의 제정 및 개정에 관한 사항

3. 자산운용 전략에 관한 사항

4. 자산운용 평가 및 위험관리에 관한 사항

5. 그 밖에 자산운용과 관련된 중요한 사항

③ 자산운용위원회의 위원장은 기금관리주체의 장이 기금의 여건 등을 고려하여 당해 기금관리주체 및 수탁기관의 임·직원 또는 공무원 중에서 선임한다.

④ 자산운용위원회의 위원은 다음 각 호의 어느 하나에 해당하는 자 중에서 기금관리주체의 장이 선임 또는 위촉한다. 이 경우 제2호에 해당하는 위원의 정수는 전체 위원 정수의 과반수가 되어야 한다.
1. 당해 기금관리주체 및 수탁기관의 임·직원 또는 공무원
2. 자산운용에 관한 학식과 경험이 풍부한 자로서 대통령령이 정하는 자격을 갖춘 자
⑤ 그 밖에 자산운용위원회의 구성 및 운영 등에 관하여 필요한 사항은 대통령령으로 정한다.

제77조(자산운용 전담부서의 설치 등)
① 기금관리주체는 자산운용위원회의 심의를 거쳐 자산운용을 전담하는 부서를 두어야 한다.
② 기금관리주체는 자산운용위원회의 심의를 거쳐 자산운용평가 및 위험관리를 전담하는 부서를 두거나 그 업무를 외부 전문기관에 위탁하여야 한다.

제78조(국민연금기금의 자산운용에 관한 특례)
① 제77조의 규정에 불구하고 국민연금기금은 자산운용을 전문으로 하는 법인을 설립하여 여유자금을 운용하여야 한다.
② 제1항의 규정에 따른 법인의 조직·운영 및 감독에 관하여 필요한 사항은 '국민연금법'에서 따로 정한다.

제79조(자산운용지침의 제정 등)
① 기금관리주체는 기금의 자산운용이 투명하고 효율적으로 이루어지도록 하기 위하여 자산운용업무를 수행함에 있어서 준수하여야 할 지침(이하 '자산운용지침'이라 한다.)을 심의회의 심의를 거쳐 정하고, 이를 14일 이내에 국회 소관 상임위원회에 제출하여야 한다. 이 경우 자산운용위원회가 설치되어 있는 기금은 심의회의 심의 전에 자산운용위원회의 심의를 거쳐야 한다.

② 제1항의 규정에 불구하고 제74조 제1항 단서의 규정에 따라 심의회를 설치하지 아니한 기금의 경우에는 기금관리주체가 직접 자산운용지침을 정하여야 한다.

③ 자산운용지침에는 다음 각 호의 사항이 포함되어야 한다.

1. 투자결정 및 위험관리 등에 관련된 기준과 절차에 관한 사항
2. 투자자산별 배분에 관한 사항
3. 자산운용 실적의 평가 및 공시에 관한 사항
4. 보유주식의 의결권 행사에 대한 기준과 절차에 관한 사항
5. 자산운용과 관련된 부정행위 등을 방지하기 위하여 자산운용업무를 수행하는 자가 지켜야 할 사항
6. 그 밖에 자산운용과 관련하여 기금관리주체가 필요하다고 인정하는 사항

제80조(기금운용계획의 집행지침)

기획재정부장관은 기금운용계획 집행의 효율성 및 공공성을 높이기 위하여 기금운용계획의 집행에 관한 지침을 정할 수 있다. [개정 2008. 2. 29. 제8852호(정부조직법)]

제81조(여유자금의 통합운용)

기획재정부장관은 기금 여유자금의 효율적인 관리·운용을 위하여 각 기금관리주체가 예탁하는 여유자금을 대통령령이 정하는 기준과 절차에 따라 선정된 금융기관으로 하여금 통합하여 운용하게 할 수 있다. [개정 2008. 2. 29. 제8852호(정부조직법)]

제82조(기금운용의 평가)

① 기획재정부장관은 회계연도마다 전체 기금 중 3분의 1 이상의 기금에 대하여 대통령령이 정하는 바에 따라 그 운용실태를 조사·평가하여야 하며, 3년마다 전체 재정체계를 고려하여 기금의 존치 여부를 평가하여야 한다. [개정 2008. 2. 29. 제8852호(정부조직법)]

② 기획재정부장관은 제1항의 규정에 따른 기금운용실태의 조사·평가와

기금제도에 관한 전문적·기술적인 연구 또는 자문을 위하여 기금운용평가단을 운영할 수 있다. [개정 2008. 2. 29. 제8852호(정부조직법)]

③ 기획재정부장관은 제1항 또는 제2항에 따른 평가결과를 국무회의에 보고한 후 제61조에 따라 국회에 제출하는 국가결산보고서와 함께 국회에 제출하여야 한다. [개정 2008. 2. 29. 제8852호(정부조직법), 2008. 12. 31.][시행일 2009. 1. 1.]

④ 제2항의 규정에 따른 기금운용평가단의 구성 및 운영에 관하여 필요한 사항은 대통령령으로 정한다.

제83조(국정감사)

이 법의 적용을 받는 기금을 운용하는 기금관리주체는 '국정감사 및 조사에 관한 법률' 제7조의 규정에 따른 감사의 대상기관으로 한다.

제84조(기금자산운용담당자의 손해배상책임)

① 기금의 자산운용을 담당하는 자는 고의 또는 중대한 과실로 법령을 위반하여 기금에 손해를 끼친 경우 그 손해를 배상할 책임이 있다.

② 공무원이 기금의 자산운용에 영향을 줄 목적으로 직권을 남용하여 기금관리주체 그 밖에 기금의 자산운용을 담당하는 자에게 부당한 영향력을 행사하여 기금에 손해를 끼친 경우 당해 공무원은 제1항의 규정에 따른 책임이 있는 자와 연대하여 손해를 배상하여야 한다.

제85조(준용규정)

제31조 제3항·제35조·제38조·제39조·제45조·제49조·제50조 및 제55조의 규정은 기금에 관하여 이를 준용한다.

제5장 재정건전화

제86조(재정건전화를 위한 노력)

정부는 건전재정을 유지하고 국가채권을 효율적으로 관리하며 국가채무를 적정수준으로 유지하도록 노력하여야 한다.

제87조(재정부담을 수반하는 법령의 제정 및 개정)

① 정부는 재정지출 또는 조세감면을 수반하는 법률안을 제출하고자 하는 때에는 법률이 시행되는 연도부터 5회계연도의 재정수입·지출의 증감액에 관한 추계자료와 이에 상응하는 재원조달방안을 그 법률안에 첨부하여야 한다.

② 각 중앙관서의 장은 입안하는 법령이 재정지출을 수반하는 때에는 대통령령이 정하는 바에 따라 제1항의 규정에 따른 추계자료와 재원조달방안을 작성하여 그 법령안에 대한 입법예고 전에 기획재정부장관과 협의하여야 한다. [개정 2008. 2. 29. 제8852호(정부조직법)]

제88조(국세감면의 제한)

① 기획재정부장관은 대통령령이 정하는 당해 연도 국세 수입총액과 국세감면액 총액을 합한 금액에서 국세감면액 총액이 차지하는 비율(이하 '국세감면율'이라 한다.)이 대통령령이 정하는 비율 이하가 되도록 노력하여야 한다. [개정 2008. 2. 29. 제8852호(정부조직법)]

② 각 중앙관서의 장은 새로운 국세감면을 요청하는 때에는 대통령령이 정하는 바에 따라 감면액을 보충하기 위한 기존 국세감면의 축소 또는 폐지방안 그 밖의 필요한 사항을 작성하여 기획재정부장관에게 제출하여야 한다. [개정 2008. 2. 29. 제8852호(정부조직법)]

제89조(추가경정예산안 편성의 제한)

① 정부는 다음 각 호의 어느 하나에 해당하게 되어 이미 확정된 예산에 변경을 가할 필요가 있는 경우를 제외하고는 추가경정예산안을 편성할 수 없다.

1. 전쟁이나 대규모 자연재해가 발생한 경우

2. 경기침체·대량실업 등 대내외 여건에 중대한 변화가 발생하였거나 발생할 우려가 있는 경우

3. 법령에 따라 국가가 지급하여야 하는 지출이 발생하거나 증가하는 경우

② 정부는 국회에서 추가경정예산안이 확정되기 전에 이를 미리 배정하

거나 집행할 수 없다.

제90조(세계잉여금 등의 처리)

① 일반회계예산의 세입 부족을 보전(補塡)하기 위한 목적으로 해당 연도에 이미 발행한 국채의 금액 범위에서는 해당 연도에 예상되는 초과 조세수입을 이용하여 국채를 우선 상환할 수 있다. 이 경우 세입·세출 외로 처리할 수 있다. [신설 2008. 12. 31.][시행일 2009. 1. 1.]

② 매 회계연도 세입세출의 결산상 잉여금 중 다른 법률에 따른 것과 제48조의 규정에 따른 이월액을 공제한 금액(이하 '세계잉여금'이라 한다.)은 '지방교부세법' 제5조 제2항의 규정에 따른 교부세의 정산 및 '지방교육재정교부금법' 제9조 제3항의 규정에 따른 교부금의 정산에 사용할 수 있다.

③ 제2항의 규정에 따라 사용한 금액을 제외한 세계잉여금은 100분의 30 이상을 '공적자금상환기금법'에 따른 공적자금상환기금에 우선적으로 출연하여야 한다. [개정 2008. 12. 31.][시행일 2009. 1. 1.]

④ 제2항 및 제3항의 규정에 따라 사용하거나 출연한 금액을 제외한 세계잉여금은 100분의 30 이상을 다음 각 호의 채무를 상환하는 데 사용하여야 한다. [개정 2006. 12. 30, 2008. 12. 31.][시행일 2009. 1. 1.]

1. 국채 또는 차입금의 원리금

2. '국가배상법'에 따라 확정된 국가배상금

3. '공공자금관리기금법'에 따른 공공자금관리기금의 융자계정의 차입금(예수금을 포함한다.)의 원리금. 다만, 2006년 12월 31일 이전의 차입금(예수금을 포함한다.)에 한한다.

4. 그 밖에 다른 법률에 따라 정부가 부담하는 채무

⑤ 제2항부터 제4항까지의 규정에 따라 사용하거나 출연한 금액을 제외한 세계잉여금은 추가경정예산안의 편성에 사용할 수 있다. [개정 2008. 12. 31.][시행일 2009. 1. 1.]

⑥ 제2항부터 제4항까지의 규정에 따른 세계잉여금의 사용 또는 출연은

그 세계잉여금이 발생한 다음 연도까지 그 회계의 세출예산에 관계없이 이를 하되, 국무회의의 심의를 거쳐 대통령의 승인을 얻어야 한다. [개정 2008. 12. 31.][시행일 2009. 1. 1.]

⑦ 제2항부터 제5항까지의 규정에 따른 세계잉여금의 사용 또는 출연은 다른 법률의 규정에 불구하고 '국가회계법' 제13조 제3항에 따라 국가결산보고서에 대한 대통령의 승인을 얻은 때부터 이를 할 수 있다. [개정 2008. 12. 31.][시행일 2009. 1. 1.]

⑧ 세계잉여금 중 제2항부터 제5항의 규정에 따라 사용하거나 출연한 금액을 공제한 잔액은 다음 연도의 세입에 이입하여야 한다. [개정 2008. 12. 31.][시행일 2009. 1. 1.]

[본 조 제목개정 2008. 12. 31.]

제91조(국가채무의 관리)

① 기획재정부장관은 국가의 회계 또는 기금이 부담하는 금전채무에 대하여 매년 다음 각 호의 사항이 포함된 국가채무관리계획을 수립하여야 한다. [개정 2008. 2. 29. 제8852호(정부조직법)]

1. 전전년도 및 전년도 국채 또는 차입금의 차입 및 상환실적

2. 당해 회계연도의 국채 발행 또는 차입금 등에 대한 추정액

3. 다음 회계연도부터 3회계연도 이상의 기간에 대한 국채 또는 차입금의 상환계획

4. 채무이 증감에 대한 전망

5. 그 밖에 대통령령이 정하는 사항

② 제1항의 규정에 따른 금전채무는 다음 각 호의 어느 하나에 해당하는 채무를 말한다.

1. 국가의 회계 또는 기금(재원의 조성 및 운용방식 등에 따라 실질적으로 국가의 회계 또는 기금으로 보기 어려운 회계 또는 기금으로서 대통령령이 정하는 회계 또는 기금을 제외한다. 이하 이 항에서 같다.)이 발행한 채권

2. 국가의 회계 또는 기금의 차입금

3. 국가의 회계 또는 기금의 국고채무부담행위

4. 그 밖에 제1호 및 제2호에 준하는 채무로서 대통령령이 정하는 채무

③ 제2항의 규정에 불구하고 다음 각 호의 어느 하나에 해당하는 채무는 국가채무에 포함하지 아니한다.

1. '국고금관리법' 제32조 제1항의 규정에 따른 재정증권 또는 한국은행으로부터의 일시차입금

2. 제2항 제1호에 해당하는 채권 중 국가의 회계 또는 기금이 인수 또는 매입하여 보유하고 있는 채권

3. 제2항 제2호에 해당하는 차입금 중 국가의 다른 회계 또는 기금으로부터의 차입금

④ 기획재정부장관은 제1항의 규정에 따른 국가채무관리계획을 수립하기 위하여 필요한 때에는 관계 중앙관서의 장에게 자료제출을 요청할 수 있다. [개정 2008. 2. 29. 제8852호(정부조직법)]

제92조(국가보증채무의 부담 및 관리)

① 국가가 보증채무를 부담하고자 하는 때에는 미리 국회의 동의를 얻어야 한다.

② 제1항의 규정에 따른 보증채무의 관리에 관하여 필요한 사항은 대통령령으로 정한다.

제92조의 2(재정업무의 정보화)

① 기획재정부장관은 재정에 관한 업무를 원활하게 수행하기 위하여 정보통신매체 및 프로그램 등을 개발하여 중앙관서의 장이 사용하게 할 수 있다. 이 경우 국가회계업무에 관한 정보통신매체 및 프로그램 등의 개발에 대해서는 감사원과 미리 협의를 하여야 한다.

② 중앙관서의 장은 제1항에도 불구하고 재정에 관한 업무를 처리하는 정보통신매체 및 프로그램 등을 직접 개발하여 사용할 수 있다. 이 경우 기획재정부장관 및 감사원(국가회계업무에 관한 정보통신매체 및 프로

그램 등의 개발인 경우에 한정한다.)과 미리 협의를 하여야 한다.
[본 조 신설 2008. 12. 31.][시행일 2009. 1. 1.]

제6장 보칙

제93조(유가증권의 보관)
① 중앙관서의 장은 법령의 규정에 따르지 아니하고는 유가증권을 보관
  할 수 없다.
② 중앙관서의 장은 법령의 규정에 따라 유가증권을 보관하게 되는 때에
  는 한국은행 또는 대통령령이 정하는 금융기관에 보관업무를 위탁하
  여야 한다.
③ 제2항의 규정에 따라 한국은행 또는 대통령령이 정하는 금융기관이
  유가증권을 위탁 관리하는 때에는 '국유재산법' 제14조의 2 제2항 내
  지 제5항의 규정을 준용한다.

제94조(장부의 기록과 비치)
기획재정부장관, 중앙관서의 장, 제93조 제2항의 규정에 따라 유가증권
보관업무를 위탁받은 한국은행 및 금융기관은 대통령령이 정하는 바에 따
라 장부를 비치하고 필요한 사항을 기록하여야 한다. [개정 2008. 2. 29. 제
8852호(정부조직법)]

제95조(자금의 보유)
국가는 법률로 정하는 경우에 한하여 특별한 자금을 보유할 수 있다.

제96조(금전채권·채무의 소멸시효)
① 금전의 급부를 목적으로 하는 국가의 권리로서 시효에 관하여 다른
  법률에 규정이 없는 것은 5년 동안 행사하지 아니하면 시효로 인하여
  소멸한다.

② 국가에 대한 권리로서 금전의 급부를 목적으로 하는 것도 또한 제1항
과 같다.

③ 금전의 급부를 목적으로 하는 국가의 권리에 있어서는 소멸시효의 중
단·정지 그 밖의 사항에 관하여 다른 법률의 규정이 없는 때에는
'민법'의 규정을 적용한다. 국가에 대한 권리로서 금전의 급부를 목적
으로 하는 것도 또한 같다.

④ 법령의 규정에 따라 국가가 행하는 납입의 고지는 시효중단의 효력이
있다.

제97조(재정집행의 관리)

① 각 중앙관서의 장과 기금관리주체는 대통령령이 정하는 바에 따라 사
업집행보고서와 예산 및 기금운용계획에 관한 집행보고서를 기획재정부
장관에게 제출하여야 한다. [개정 2008. 2. 29. 제8852호(정부조직법)]

② 기획재정부장관은 예산 및 기금의 효율적인 운용을 위하여 제1항의
규정에 따른 보고서의 내용을 분석하고 예산 및 기금의 집행상황과
낭비 실태를 확인·점검한 후 필요한 때에는 집행 애로요인의 해소
와 낭비 방지를 위하여 필요한 조치를 각 중앙관서의 장과 기금관리
주체에게 요구할 수 있다. [개정 2008. 2. 29. 제8852호(정부조직법)]

제98조(내부통제)

각 중앙관서의 장은 재정관리·재원사용의 적정 여부와 집행과정에서 보
고된 자료의 신빙성을 분석·평가하기 위하여 소속 공무원으로 하여금 필
요한 사항에 관하여 내부통제를 하게 하여야 한다.

제99조(예산 및 기금운용계획의 집행 및 결산의 감독)

기획재정부장관은 예산 및 기금운용계획의 집행 또는 결산의 적정을 기
하기 위하여 소속 공무원으로 하여금 확인·점검하게 하여야 하며, 필요한
때에는 각 중앙관서의 장에게 관련 제도의 개선을 요구하거나 국무회의 심
의를 거친 후 대통령의 승인을 얻어 예산 및 기금운용계획의 집행과 결산

에 관한 지시를 할 수 있다. [개정 2008. 2. 29. 제8852호(정부조직법)]

제100조(예산·기금의 불법지출에 대한 국민감시)

① 국가의 예산 또는 기금을 집행하는 자, 재정지원을 받는 자, 각 중앙관서의 장(그 소속기관의 장을 포함한다.) 또는 기금관리주체와 계약 그 밖의 거래를 하는 자가 법령을 위반함으로써 국가에 손해를 가하였음이 명백한 때에는 누구든지 집행에 책임 있는 중앙관서의 장 또는 기금관리주체에게 불법지출에 대한 증거를 제출하고 시정을 요구할 수 있다.

② 제1항의 규정에 따라 시정요구를 받은 중앙관서의 장 또는 기금관리주체는 대통령령이 정하는 바에 따라 그 처리결과를 시정요구를 한 자에게 통지하여야 한다.

③ 중앙관서의 장 또는 기금관리주체는 제2항의 규정에 따른 처리결과에 따라 수입이 증대되거나 지출이 절약된 때에는 시정요구를 한 자에게 제49조의 규정에 따른 예산성과금을 지급할 수 있다.

제101조(재정 관련 공무원의 교육)

기획재정부장관은 재정업무를 담당하는 공무원의 업무전문성 향상을 위하여 대통령령이 정하는 바에 따라 교육을 실시할 수 있다. [개정 2008. 2. 29. 제8852호(정부조직법)]

제7장 벌칙

제102조(벌칙)

공무원이 기금의 자산운용에 영향을 줄 목적으로 직권을 남용하여 기금관리주체 그 밖에 기금의 자산운용을 담당하는 자에게 부당한 영향력을 행사한 때에는 5년 이하의 징역, 10년 이하의 자격정지 또는 1천만 원 이하의 벌금에 처한다.

〈부록 2〉 정부기업예산법

법률 제9280호 법제명변경 및 전면개정 2008. 12. 31.('기업예산회계법'
에서 변경)

제1조(목적)

이 법은 정부기업별로 특별회계를 설치하고, 그 예산 등의 운용에 관한
사항을 규정함으로써 정부기업의 경영을 합리화하고 운영의 투명성을 제고
함을 목적으로 한다.

제2조(정부기업)

이 법에서 '정부기업'이란 기업형태로 운영하는 우편사업, 우체국예금사
업, 양곡관리사업 및 조달사업을 말한다.

제3조(특별회계의 설치)

정부기업을 운영하기 위하여 다음 각 호의 특별회계를 설치하고 그 세입
으로써 그 세출에 충당한다.

1. 우편사업특별회계
2. 우체국예금특별회계
3. 양곡관리특별회계
4. 조달특별회계

제4조(특별회계의 관리·운용)

제3조에 따라 설치된 특별회계(이하 '특별회계'라 한다.)는 관계 중앙관서
의 장이 관리 · 운용한다.

제5조(우편사업특별회계의 세입 및 세출)

우편사업특별회계의 세입 및 세출은 '우정사업운영에 관한 특례법' 제11조에 따른다.

제6조(우체국예금특별회계의 세입 및 세출)

우체국예금특별회계의 세입 및 세출은 '우정사업운영에 관한 특례법' 제11조의 2에 따른다.

제7조(양곡관리특별회계의 세입 및 세출)

① 양곡관리특별회계의 세입은 다음 각 호와 같다.

1. 양곡관리사업 수입

2. 다른 회계 및 기금으로부터의 전입금

3. 차입금

4. 전년도 이월금

5. 그 밖에 양곡관리사업과 관련된 수입금

② 양곡관리특별회계의 세출은 다음 각 호와 같다.

1. 양곡관리사업의 관리·운영에 필요한 경비

2. 다른 회계 및 기금으로의 전출금

3. 차입금의 상환금 및 이자

4. 그 밖에 양곡관리사업과 관련된 지출

제8조(조달특별회계의 세입 및 세출)

① 조달특별회계의 세입은 다음 각 호와 같다.

1. 조달사업 수입

2. 다른 회계 및 기금으로부터의 전입금

3. 차입금

4. 전년도 이월금

5. 그 밖에 조달사업과 관련된 수입금

② 조달특별회계의 세출은 다음 각 호와 같다.

1. 조달사업의 관리·운영에 필요한 경비

2. 다른 회계 및 기금으로의 전출금

3. 차입금의 상환금 및 이자

4. 그 밖에 조달사업과 관련된 지출

제9조(다른 법률과의 관계)

① 특별회계의 예산에 관해서는 이 법에 규정된 것을 제외하고는 '국가
   재정법'을 적용한다.

② 특별회계의 수입 및 지출 등 국고금의 관리에 관해서는 이 법에 규정
   된 것을 제외하고는 '국고금관리법'을 적용한다.

제10조(기본순자산의 증감)

정부는 필요하다고 인정하는 경우에는 대통령령으로 정하는 바에 따라
특별회계의 기본순자산을 증감시킬 수 있다.

제11조(자금의 차입)

① 특별회계는 그 사업에 필요한 시설의 건설 또는 개량이나 그 사업 운
   영을 위하여 부득이한 경우에는 자금을 차입할 수 있다.

② 특별회계는 그 지출에 있어서 자금이 일시적으로 부족할 때에는 일시
   차입을 할 수 있다.

③ 양곡관리특별회계의 경우 제2항에 따른 일시차입금은 그 다음 연도
   10월 31일까지 상환할 수 있다.

제12조(자금의 선지급)

양곡관리특별회계는 양곡의 매입자금과 양곡관리를 위한 관리비를 대통
령령으로 정하는 대행기관에 선지급(先支給)할 수 있다.

제13조(회전자금의 보유 및 운용)

① 특별회계는 세입·세출 외에 사업의 운영에 필요한 자금(이하 이 조
   에서 '회전자금'이라 한다.)을 보유할 수 있다.

② 특별회계가 회전자금을 보유하여 운용하려는 때에는 대통령령으로 정하는 바에 따라 기획재정부장관의 승인을 받아야 한다.

③ 제9조 제2항에도 불구하고 회전자금 운용과 관련하여 '국고금관리법' 제30조는 적용하지 아니한다.

제14조(다른 회계 및 기금으로부터의 전입 또는 전출)

특별회계가 다른 회계 및 기금으로부터 자금을 전입하거나 다른 회계 및 기금으로 자금을 전출하는 경우에는 '국가재정법' 제20조에 따른 예산총칙에 반영하여야 한다.

제15조(세입세출예산의 구분)

특별회계의 세입세출예산은 손익계정, 자본계정, 그 밖에 필요한 계정으로 구분할 수 있다.

제16조(예비비)

특별회계는 예측할 수 없는 예산 외의 지출 또는 예산초과지출에 충당하기 위하여 예비비로서 상당하다고 인정되는 금액을 예산에 계상할 수 있다.

제17조(예산요구서의 제출)

관계 중앙관서의 장이 '국가재정법' 제31조에 따라 특별회계의 예산을 요구할 때에는 다음 각 호의 서류를 추가로 첨부하여야 한다.

1. 해당 연도의 사업계획 및 자금계획서
2. 전년도 및 해당 연도의 추정재정운영표 및 추정재정상태표
3. 전전년도 재정운영표 · 재정상태표 및 그 부속서류
4. 재고의 증감명세서

제18조(예산안의 첨부서류)

국회에 제출하는 특별회계의 예산안에는 '국가재정법' 제34조에 따른 예산안의 첨부서류에 다음 각 호의 서류를 추가로 첨부하여야 한다.

1. 해당 연도의 투자계획 및 자금계획서

2. 해당 연도의 추정재정운영표 및 추정재정상태표

3. 차입금 명세서

4. 다른 회계 및 기금으로부터의 전입금에 관한 명세서

제19조(수입금 마련 지출)

① 특별회계는 그 사업을 합리적으로 운영하기 위하여 수요의 증가로 인한 예산초과수입 또는 초과할 것이 예측되는 수입(이하 이 조에서 '초과수입'이라 한다.)을 그 초과수입에 직접적으로 관련되는 비용에 사용할 수 있다.

② 관계 중앙관서의 장은 제1항에 따라 초과수입금을 사용하려는 경우에는 그 이유 및 금액을 명시한 명세서를 기획재정부장관에게 제출하여야 한다.

③ 기획재정부장관은 제2항의 명세서를 심사하여 국무회의의 심의를 거쳐 대통령의 승인을 받아야 한다.

④ 기획재정부장관은 제3항에 따라 초과수입금의 사용이 결정되면 이를 관계 중앙관서의 장에게 통지하고 그 사실을 감사원에 통보하여야 한다.

제20조(예산의 전용)

① 관계 중앙관서의 장은 '국가재정법' 제46조 제1항에도 불구하고 예산집행을 위하여 특히 필요한 경우에는 대통령령으로 정하는 바에 따라 세출예산의 각 세항 또는 목의 비용을 전용(轉用)할 수 있다.

② 관계 중앙관서의 장은 제1항에 따라 예산을 전용한 때에는 그 전용을 한 과목별 금액 및 이유를 명시한 명세서를 기획재정부장관 및 감사원에 송부하여야 한다.

제21조(이익 및 손실의 처분)

특별회계는 매 회계연도의 결산 결과 이익이 생겼을 경우에는 이를 적립금 및 잉여금으로 적립하고 결손이 생겼을 경우에는 적립금 및 잉여금 중에서 결손을 정리한다. 다만, 필요하다고 인정할 때에는 국무회의의 심의를

거쳐 대통령의 승인을 받아 결산의 결과 생긴 적립금 및 잉여금의 전부 또
는 일부를 일반회계에 전입할 수 있다.

제22조(수탁업무)

① 특별회계는 위탁자의 부담으로 그 운영에 지장이 없는 범위에서 다음
  각 호의 업무를 할 수 있다.

1. 해당 특별회계의 사업에 관한 시설의 공사 및 기기의 제작·수리 또
  는 조달

2. 해당 특별회계의 사업과 관련되는 수탁판매사업

② 제1항 각 호의 업무에 관하여 필요한 사항은 관계 중앙관서의 장이
  정한다.

  부칙 [62·12·7]

① 본 법은 1963년 1월 1일부터 시행한다.

② 양곡관리특별회계에 관하여 제18조 제2항 및 제4항의 규정은 법률 제
  928호 부칙 제2항 제2호의 규정에 불구하고 본법 공포일로부터 시행
  한다.

〈부록 3〉 공공기관의 운영에 관한 법률

법률 제9277호 일부개정 2008. 12. 31.

제1장 총칙

제1조(목적)

이 법은 공공기관의 운영에 관한 기본적인 사항과 자율경영 및 책임경영체제의 확립에 관하여 필요한 사항을 정하여 경영을 합리화하고 운영의 투명성을 제고함으로써 공공기관의 대국민 서비스 증진에 기여함을 목적으로 한다.

제2조(적용 대상 등)

① 이 법은 제4조 내지 제6조의 규정에 따라 지정·고시된 공공기관에 대하여 적용한다.

② 공공기관에 대하여 다른 법률에 이 법과 다른 규정이 있을 경우 이 법에서 그 법률을 따르도록 한 때를 제외하고는 이 법을 우선하여 적용한다.

제3조(자율적 운영의 보장)

정부는 공공기관의 책임경영체제를 확립하기 위하여 공공기관의 자율적 운영을 보장하여야 한다.

제4조(공공기관)

① 기획재정부장관은 국가·지방자치단체가 아닌 법인·단체 또는 기관

(이하 '기관'이라 한다.)으로서 다음 각 호의 어느 하나에 해당하는 기관을 공공기관으로 지정할 수 있다. [개정 2008. 2. 29. 제8852호(정부조직법)]

1. 다른 법률에 따라 직접 설립되고 정부가 출연한 기관
2. 정부지원액(법령에 따라 직접 정부의 업무를 위탁받거나 독점적 사업권을 부여받은 기관의 경우에는 그 위탁업무나 독점적 사업으로 인한 수입액을 포함한다. 이하 같다.)이 총수입액의 2분의 1을 초과하는 기관
3. 정부가 100분의 50 이상의 지분을 가지고 있거나 100분의 30 이상의 지분을 가지고 임원 임명권한 행사 등을 통하여 당해 기관의 정책 결정에 사실상 지배력을 확보하고 있는 기관
4. 정부와 제1호 내지 제3호의 어느 하나에 해당하는 기관이 합하여 100분의 50 이상의 지분을 가지고 있거나 100분의 30 이상의 지분을 가지고 임원 임명권한 행사 등을 통하여 당해 기관의 정책 결정에 사실상 지배력을 확보하고 있는 기관
5. 제1호 내지 제4호의 어느 하나에 해당하는 기관이 단독으로 또는 두 개 이상의 기관이 합하여 100분의 50 이상의 지분을 가지고 있거나 100분의 30 이상의 지분을 가지고 임원 임명권한 행사 등을 통하여 당해 기관의 정책 결정에 사실상 지배력을 확보하고 있는 기관
6. 제1호 내지 제4호의 어느 하나에 해당하는 기관이 설립하고, 정부 또는 설립 기관이 출연한 기관

② 제1항의 규정에 불구하고 기획재정부장관은 다음 각 호의 어느 하나에 해당하는 기관을 공공기관으로 지정할 수 없다. [개정 2007. 12. 14, 2008. 2. 29. 제8852호(정부조직법)]

1. 구성원 상호간의 상호부조·복리증진·권익향상 또는 영업질서 유지 등을 목적으로 설립된 기관
2. 지방자치단체가 설립하고, 그 운영에 관여하는 기관
3. '방송법'에 따른 한국방송공사와 '한국교육방송공사법'에 따른 한국교육방송공사

③ 제1항 제2호의 규정에 따른 정부지원액과 총수입액의 산정 기준·방법 및 동 항 제3호 내지 제5호의 규정에 따른 사실상 지배력 확보의 기준에 관하여 필요한 사항은 대통령령으로 정한다.

제5조(공공기관의 구분)

① 기획재정부장관은 공공기관을 공기업·준정부기관과 기타 공공기관으로 구분하여 지정하되, 공기업과 준정부기관은 직원 정원이 50인 이상인 공공기관 중에서 지정한다. [개정 2008. 2. 29. 제8852호(정부조직법)]

② 기획재정부장관은 제1항의 규정에 따라 공기업과 준정부기관을 지정하는 경우 공기업은 자체 수입액이 총수입액의 2분의 1 이상인 기관 중에서 지정하고, 준정부기관은 공기업이 아닌 공공기관 중에서 지정한다. [개정 2008. 2. 29. 제8852호(정부조직법)]

③ 기획재정부장관은 제1항 및 제2항의 규정에 따른 공기업과 준정부기관을 다음 각 호의 구분에 따라 세분하여 지정한다. [개정 2008. 2. 29. 제8852호(정부조직법)]

1. 공기업

가. 시장형 공기업: 자산규모가 2조 원 이상이고, 총수입액 중 자체 수입액이 대통령령이 정하는 기준 이상인 공기업

나. 준시장형 공기업: 시장형 공기업이 아닌 공기업

2. 준정부기관

가. 기금관리형 준정부기관: '국가재정법'에 따라 기금을 관리하거나 기금의 관리를 위탁받은 준정부기관

나. 위탁집행형 준정부기관: 기금관리형 준정부기관이 아닌 준정부기관

④ 기획재정부장관은 공공기관 중 제2항의 규정에 따른 공기업과 준정부기관을 제외한 기관을 기타 공공기관으로 지정한다. [개정 2008. 2. 29. 제8852호(정부조직법)]

⑤ 제2항 및 제3항의 규정에 따른 자체 수입액 및 총수입액의 구체적인

산정 기준과 방법은 대통령령으로 정한다.

제6조(공공기관 등의 지정 절차)

① 기획재정부장관은 매 회계연도 개시 후 1개월 이내에 공기업·준정부기관과 기타 공공기관을 새로 지정하고, 기존의 공기업·준정부기관과 기타 공공기관으로 지정된 기관에 대하여 지분이나 자체 수입 비율의 변동, 관련 법령의 개폐 여부 등을 고려하여 그 기관이 이 법의 적용을 받을 필요가 없게 되거나 그 지정을 변경할 필요가 있는 경우에는 그 지정을 해제하거나 구분을 변경하여 지정한다. [개정 2008. 2. 29. 제8852호(정부조직법)]

② 기획재정부장관은 제1항의 규정에 따라 공기업·준정부기관과 기타 공공기관을 새로 지정하거나 지정해제 또는 변경 지정하는 때에는 관계 법령에 따라 그 공기업·준정부기관과 기타 공공기관의 업무를 관장하는 행정기관(이하 '주무기관'이라 한다.)의 장과 협의한 후, 제8조의 규정에 따른 공공기관운영위원회의 심의·의결을 거쳐야 한다. [개정 2008. 2. 29. 제8852호(정부조직법)]

③ 기획재정부장관은 제1항 및 제2항의 규정에 따라 공기업·준정부기관과 기타 공공기관을 새로 지정하거나 지정해제 또는 변경 지정할 경우 이를 고시하여야 한다. 이 경우 필요하다고 인정하는 때에는 기존의 공기업·준정부기관과 기타 공공기관을 함께 고시할 수 있다. [개정 2008. 2. 29. 제8852호(정부조직법)]

④ 공기업·준정부기관과 기타 공공기관의 지정(변경지정을 포함한다.)·지정해제와 고시 절차 등에 관하여 필요한 사항은 대통령령으로 정한다.

제7조(기관 신설에 대한 심사)

① 주무기관의 장은 법률에 따라 다음 각 호의 어느 하나에 해당하는 기관을 신설하고자 할 때에는 그 법률안을 입법 예고하기 전에 기획재정부장관에게 그 기관 신설의 타당성에 대하여 심사를 요청하여야 한다. [개정 2008. 2. 29. 제8852호(정부조직법)]

1. 법률안에 정부의 출연근거가 규정되어 있는 기관
2. 정부지원액이 총수입액의 2분의 1을 초과할 것으로 추계되는 기관
3. 법률안에 정부가 단독으로 또는 정부와 공공기관이 합하여 자본금의 100분의 30 이상을 출자하는 것으로 규정되어 있는 기관
② 제1항의 규정에 따라 심사를 요청받은 기획재정부장관은 제8조의 규정에 따른 공공기관운영위원회의 심의·의결을 거쳐 기관 신설 및 재정지원 등의 필요성과 효과 등을 심사하고, 그 결과를 주무기관의 장에게 통보하여야 한다. [개정 2008. 2. 29. 제8852호(정부조직법)]
③ 제1항 및 제2항의 규정에 따른 기관 신설의 타당성 심사 등에 관하여 필요한 사항은 대통령령으로 정한다.

제2장 공공기관운영위원회

제8조(공공기관운영위원회의 설치)

공공기관의 운영에 관하여 다음 각 호에 관한 사항을 심의·의결하기 위하여 기획재정부장관 소속하에 공공기관운영위원회(이하 '운영위원회'라 한다.)를 둔다. [개정 2008. 2. 29. 제8852호(정부조직법), 2008. 12. 31.][시행일 2009. 4. 1.]

1. 제4조 내지 제6조의 규정에 따른 공기업·준정부기관과 기타 공공기관의 지정, 지정해제와 변경지정
2. 제7조의 규정에 따른 기관의 신설 심사
3. 제11조 제1항 제13호의 규정에 따른 공공기관의 경영공시
4. 제12조 제3항의 규정에 따른 공시의무 등의 위반에 대한 인사상 조치 등
5. 제14조의 규정에 따른 공공기관의 기능조정 등
6. 제15조의 규정에 따른 공공기관의 혁신지원 등
7. 제21조 제2항 단서의 규정에 따른 시장형 공기업의 선임비상임이사 임명

8. 제25조 및 제26조의 규정에 따른 공기업·준정부기관의 임원 임명 등

9. 제33조에 따른 보수지침

10. 제35조 제2항의 규정에 따른 공기업·준정부기관의 임원에 대한 해임이나 해임 건의 등

11. 제36조의 규정에 따른 비상임이사·감사에 대한 직무수행실적 평가 등

12. 제48조의 규정에 따른 공기업·준정부기관의 경영실적 평가 등

13. 제50조의 규정에 따른 공기업·준정부기관의 경영지침

14. 제51조 제4항의 규정에 따른 공기업·준정부기관에 대한 감독의 적정성 여부의 점검과 개선

15. 그 밖에 공공기관의 운영과 관련하여 대통령령이 정하는 사항

제9조(운영위원회의 구성)

① 운영위원회는 위원장 1인 및 다음 각 호의 위원으로 구성하되, 기획재정부장관이 위원장이 된다. [개정 2008. 2. 29. 제8852호(정부조직법)]

1. 국무총리실의 차관급 공무원으로서 국무총리실장이 지명하는 공무원 1인

2. 대통령령이 정하는 관계 행정기관의 차관·차장 또는 이에 상당하는 공무원

3. 제2호에 해당하지 아니하는 주무기관의 차관·차장 또는 이에 상당하는 공무원

4. 공공기관의 운영과 경영관리에 관하여 학식과 경험이 풍부하고 중립적인 사람으로서 법조계·경제계·언론계·학계 및 노동계 등 다양한 분야에서 기획재정부장관의 추천으로 대통령이 위촉하는 11인 이내의 사람

② 제1항 제4호의 규정에 따른 위원의 임기는 3년으로 하되, 연임할 수 있다.

③ 제1항 제4호의 규정에 따른 위원은 공공기관의 자율·책임경영체제 확립 및 경영효율성 제고를 위하여 그 양심에 따라 성실히 직무를 수행하여야 한다.

④ 제1항 제4호의 규정에 따른 위원은 다음 각 호의 어느 하나에 해당하는 경우 해촉될 수 있다.

1. 심신장애로 인하여 직무를 수행할 수 없게 된 때
2. 직무태만, 품위손상 그 밖의 사유로 인하여 위원으로 적합하지 아니하다고 인정된 때
3. 직무와 관련한 형사사건으로 기소된 때

⑤ 위원장은 제1항 제4호의 규정에 따른 위원이 제4항 각 호의 어느 하나에 해당하게 된 때에는 대통령에게 해촉을 건의할 수 있다. 다만, 제4항 제1호의 경우에는 해촉을 건의하여야 한다.

⑥ 운영위원회의 구성에 관하여 필요한 사항은 대통령령으로 정한다.

제10조(운영위원회의 회의)

① 운영위원회의 회의는 위원장을 포함하여 20인 이내의 위원으로 구성하되, 제9조 제1항 제2호 및 제3호에 해당하는 위원 중 운영위원회의 회의에 참석하는 위원은 위원장이 안건별로 지명하고, 동 항 제4호에 해당하는 위원의 수가 회의 구성원의 과반수가 되도록 하여야 한다. [개정 2008. 2. 29. 제8852호(정부조직법)]

② 운영위원회의 회의는 구성원 과반수의 출석으로 개의하고, 출석위원 과반수의 찬성으로 의결한다.

③ 감사원장과 관계 행정기관의 장은 운영위원회의 심의·의결과 관련하여 필요하다고 인정하는 경우 운영위원회에 의견을 제출할 수 있고, 운영위원회 위원장의 요청이나 운영위원회의 의결이 있을 때에는 소속 공무원으로 하여금 운영위원회에 출석하여 발언하게 할 수 있다.

④ 운영위원회의 사무를 처리하기 위하여 간사 1인을 두되, 간사는 위원장이 지명하는 고위공무원단 소속 공무원이 된다.

⑤ 운영위원회의 운영에 관하여 필요한 사항은 대통령령으로 정한다.

제3장 공공기관의 경영공시 등

제11조(경영공시)

① 공공기관은 다음 각 호의 사항을 공시하여야 한다. 다만, 주무기관의 장은 국가안보상 필요하다고 인정하는 경우 기획재정부장관과 협의하여 일부를 공시하지 아니하도록 할 수 있다. [개정 2008. 2. 29. 제8852호(정부조직법), 2008. 12. 31.][시행일 2009. 4. 1.]

1. 경영목표와 예산 및 운영계획
2. 결산서(재무제표와 그 부속서류를 포함한다.)
3. 임원 및 운영인력 현황
4. 인건비 예산과 집행 현황
5. 자회사와의 거래내역 및 인력교류 현황
6. 제13조 제2항의 규정에 따라 실시된 고객만족도 조사 결과
7. 제36조 제1항에 따른 감사나 감사위원회 감사위원의 직무수행실적 평가 결과
8. 제48조의 규정에 따른 경영실적 평가 결과(공기업·준정부기관에 한한다.)
9. 정관·사채원부 및 이사회 회의록. 다만, 이사회 회의록 중 경영 비밀에 관련된 사항은 '공공기관의 정보공개에 관한 법률'에 따라 공개하지 아니할 수 있다.
10. 감사 또는 감사위원회의 감사보고서(지적사항 및 처분요구사항과 그에 대한 조치계획을 포함한다.)
11. 주무기관의 장의 공공기관에 대한 감사결과(지적사항 및 처분요구사항과 그에 대한 조치계획을 포함한다.)
12. '감사원법' 제31조(변상책임의 판정 등) 내지 제34조의 2(권고 등)의 규정에 따라 변상책임 판정, 징계·시정·개선 요구 등을 받거나 '국정감사 및 조사에 관한 법률' 제16조(감사 또는 조사결과에 대한 처리)의 규정에 따라 시정요구를 받은 경우 그 내용과 그에 대한 공공

기관 등의 조치 사항

13. 그 밖에 공공기관의 경영에 관한 중요한 사항으로서 기획재정부장관
    이 운영위원회의 심의·의결을 거쳐 공시하도록 요청한 사항

② 공공기관은 제1항 각 호의 사항을 인터넷 홈페이지를 통하여 공시하
   여야 하고, 사무소에 필요한 서류를 비치하여야 한다.

③ 공공기관은 제1항의 규정에 따라 공시된 사항에 대한 열람이나 복사
   를 요구하는 자에 대하여 이를 열람하게 하거나 그 사본이나 복제물
   을 내주어야 한다. 이 경우 비용의 부담에 관해서는 '공공기관의 정
   보공개에 관한 법률' 제17조(비용부담)의 규정을 준용한다.

④ 공공기관의 경영공시에 관하여 필요한 사항은 대통령령으로 정한다.

제12조(통합공시)

① 기획재정부장관은 제11조 제1항의 규정에 따라 각 공공기관이 공시하
   는 사항 중 주요사항을 별도로 표준화하고 이를 통합하여 공시(이하
   이 조에서 '통합공시'라 한다.)할 수 있다. [개정 2008. 2. 29. 제8852
   호(정부조직법)]

② 기획재정부장관은 공공기관에 통합공시를 하기 위하여 필요한 자료의
   제출을 요청할 수 있고, 공공기관은 특별한 사정이 없는 한 이에 응
   하여야 한다. [개정 2008. 2. 29. 제8852호(정부조직법)]

③ 기획재정부장관은 공공기관이 제11조의 규정에 따른 경영공시 의무
   및 제1항의 규정에 따른 통합공시 의무를 성실하게 이행하지 않거나
   허위의 사실을 공시한 때에는 당해 기관으로 하여금 해당 사실을 공
   고하고 허위사실 등을 시정하도록 명령할 수 있으며, 운영위원회의
   심의·의결을 거쳐 주무기관의 장 또는 당해 공공기관의 장에게 관
   련자에 대한 인사상의 조치 등을 취하도록 요청할 수 있다. [개정
   2008. 2. 29. 제8852호(정부조직법)]

④ 통합공시의 기준과 방법 등에 관하여 필요한 사항은 대통령령으로 정
   한다.

제13조(고객헌장과 고객만족도 조사)

① 국민에게 직접 서비스를 제공하는 공공기관은 다음 각 호에 관한 사항이 포함된 고객헌장을 제정하여 공표하여야 한다.

1. 기본 임무

2. 제공하는 서비스의 내용과 바람직한 서비스의 수준

3. 제공하는 서비스에 대한 불만처리, 시정 절차 및 배상 등의 책임

4. 제공하는 서비스의 향상을 위한 노력 및 계획 등

② 국민에게 직접 서비스를 제공하는 공공기관은 그 공공기관의 서비스를 제공받는 국민을 대상으로 연 1회 이상 고객만족도 조사를 실시하여야 한다. 이 경우 기획재정부장관은 공공기관으로 하여금 고객만족도 조사를 통합하여 실시하게 하고, 그 결과를 종합하여 공표할 수 있다. [개정 2008. 2. 29. 제8852호(정부조직법)]

③ 제1항 및 제2항의 규정에 따라 고객헌장을 제정하여 공표하거나 고객만족도 조사를 실시하여야 하는 공공기관의 범위, 고객헌장의 제정·공표, 고객만족도 조사의 절차·범위 등에 관하여 필요한 사항은 대통령령으로 정한다.

제14조(공공기관에 대한 기능조정 등)

① 기획재정부장관은 주무기관의 장과 협의한 후 운영위원회의 심의·의결을 거쳐 공공기관이 수행하는 기능의 적정성을 점검하고 기관통폐합·기능 재조정 및 민영화 등에 관한 계획을 수립하여야 한다. [개정 2008. 2. 29. 제8852호(정부조직법)]

② 주무기관의 장은 제1항의 규정에 따라 수립된 계획을 집행하고, 그 실적에 관한 보고서를 기획재정부장관에게 제출하여야 한다. [개정 2008. 2. 29. 제8852호(정부조직법)]

③ 기획재정부장관은 제2항의 규정에 따른 보고서의 내용을 분석하여 집행실태를 확인·점검한 후 필요한 때에는 운영위원회의 심의·의결을 거쳐 원활한 계획집행을 위하여 필요한 조치를 주무기관의 장에게 요

구할 수 있다. [개정 2008. 2. 29. 제8852호(정부조직법)]

④ 제1항 내지 제3항의 규정에 따른 계획의 수립 및 집행 등에 관하여
필요한 사항은 대통령령으로 정한다.

제15조(공공기관의 혁신)

① 공공기관은 경영효율성 제고 및 공공서비스 품질 개선을 위하여 지속
적인 경영혁신을 추진하여야 한다.

② 기획재정부장관은 제1항의 규정에 따른 경영혁신을 지원하기 위하여
운영위원회의 심의·의결을 거쳐 관련 지침의 제정, 혁신수준의 진단 등
필요한 조치를 할 수 있다. [개정 2008. 2. 29. 제8852호(정부조직법)]

제4장 공기업·준정부기관의 운영

제1절 정관

제16조(정관의 기재사항)

① 공기업·준정부기관의 정관에는 다음 각 호에 관한 사항을 기재하여
야 한다. 다만, 그 공기업·준정부기관의 형태와 특성 및 업무내용상
해당되지 아니하는 사항은 기재하지 아니할 수 있다. [개정 2008. 12.
31.][시행일 2009. 4. 1.]

1. 목적
2. 명칭
3. 주된 사무소가 있는 곳
4. 자본금
5. 주식 또는 출자증권
6. 임원 및 직원에 관한 사항
7. 주주총회나 출자자총회
8. 이사회의 운영

9. 사업범위 및 내용과 그 집행

10. 회계

11. 공고의 방법

12. 사채의 발행

13. 정관의 변경

14. 그 밖에 대통령령이 정하는 사항

② 공기업·준정부기관은 제6조의 규정에 따라 공기업·준정부기관으로 지정된 후 3개월 이내에 제1항의 규정에 따른 정관에 대하여 주무기관의 장의 인가를 받아야 한다. 인가받은 정관의 기재사항을 변경하는 경우에도 또한 같다.

제2절 이사회

제17조(이사회의 설치와 기능)

① 공기업·준정부기관에 다음 각 호의 사항을 심의·의결하기 위하여 이사회를 둔다.

1. 경영목표와 예산 및 운영계획

2. 예비비의 사용과 예산의 이월

3. 결산

4. 기본재산의 취득과 처분

5. 장기차입금의 차입 및 사채의 발행과 그 상환 계획

6. 생산 제품과 서비스의 판매가격

7. 잉여금의 처분

8. 다른 기업체 등에 대한 출자·출연

9. 다른 기업체 등에 대한 채무보증. 다만, 다른 법률에 따라 보증업무를 수행하는 공기업·준정부기관의 경우 그 사업 수행을 위한 채무보증은 제외한다.

10. 정관의 변경

11. 내규의 제정과 변경

12. 임원의 보수

13. 공기업·준정부기관의 장(이하 '기관장'이라 한다.)이 필요하다고 인정하여 이사회의 심의·의결을 요청하는 사항

14. 그 밖에 이사회가 특히 필요하다고 인정하는 사항

② 기관장은 다음 각 호의 사항을 이사회에 보고하여야 한다.

1. 국정감사, 제43조 제1항의 규정에 따라 실시된 회계감사와 제52조의 규정에 따라 감사원이 실시한 감사에서 지적된 사항과 그에 대한 조치 계획 및 실적

2. 공기업·준정부기관의 단체협약 결과와 그에 따른 예산소요 추계(단체협약을 체결한 경우에 한한다.)

3. 그 밖에 이사회가 기관장에게 보고하도록 요구하는 사항

③ 공기업·준정부기관의 설치·운영 등에 관하여 다른 법률에서 그 공기업·준정부기관에 이사회를 두지 아니하고, 제1항의 규정에 따른 기능을 수행하는 다른 기구를 둔 경우에는 그 다른 기구를 명칭과 관계없이 이 법에 따른 이사회로 보고, 그 구성원은 이 법에 따른 이사로 보아 이 법을 적용한다.

제18조(구성)

① 이사회는 기관장을 포함한 15인 이내의 이사로 구성한다. 다만, 다음 각 호의 어느 하나에 해당하는 경우에는 15인을 초과할 수 있다.

1. 주주총회나 출자자총회 등 사원총회가 있는 공기업·준정부기관 중 다른 법률에 따라 지역이나 직종별 기관의 연합으로 설립된 공기업·준정부기관

2. 제6조의 규정에 따라 공기업·준정부기관으로 지정될 당시 이사 정수가 15인을 초과하는 경우. 다만, 제28조 제1항 단서의 규정에 따라 지정될 당시 재직 이사의 임기가 보장되는 기간 내에 한한다.

3. 제25조 제3항 후단의 규정에 따라 비상임이사를 선임함으로써 15인을

초과하는 경우

② 시장형 공기업의 이사회 의장은 제21조의 규정에 따른 선임비상임이
   사가 된다. 다만, 이사회 의장이 부득이한 사유로 그 직무를 수행할
   수 없을 때에는 정관이 정하는 바에 따라 비상임이사 중 1인이 그 직
   무를 대행한다.

③ 제2항의 규정에 불구하고 제6조의 규정에 따라 시장형 공기업으로 지
   정될 당시 비상임이사가 없는 경우 제25조 제3항 후단의 규정에 따라
   비상임이사가 선임되기 전까지 이사회 의장은 시장형 공기업 지정 당
   시의 법령이 정한 자가 된다.

④ 준시장형 공기업과 준정부기관의 이사회 의장은 기관장이 된다. 다만,
   다른 법률에서 기관장과 이사회 의장의 겸임을 금지하는 경우에는 그
   법률의 규정에 따른다.

제19조(회의)

① 이사회의 회의는 이사회 의장이나 재적이사 3분의 1 이상의 요구로
   소집하고, 이사회 의장이 그 회의를 주재한다.

② 이사회는 재적이사 과반수의 찬성으로 의결한다.

③ 이사회의 안건과 특별한 이해관계가 있는 기관장이나 이사는 그 안건
   의 의결에 참여할 수 없다. 이 경우 의결에 참여하지 못하는 이사 등
   은 제2항의 규정에 따른 재적이사 수에 포함되지 아니한다.

④ 감사는 이사회에 출석하여 의견을 진술할 수 있다.

⑤ 이사회의 통신수단에 의한 의결과 회의록 등에 관해서는 '상법' 제
   391조(이사회의 결의 방법) 제2항, 동법 제391조의 3(이사회의 의사
   록) 제1항 및 제2항의 규정을 각각 준용한다.

제20조(위원회)

① 공기업의 이사회는 그 공기업의 정관에 따라 이사회에 위원회를 설치
   할 수 있다. 이 경우 위원회의 구성과 권한 등에 관한 사항은 '상법'
   제393조의 2(이사회 내 위원회)의 규정을 준용한다.

② 시장형 공기업에는 제24조 제1항의 규정에 따른 감사에 갈음하여 제1항의 규정에 따른 위원회로서 이사회에 감사위원회를 설치하여야 한다. 다만, 제6조의 규정에 따라 시장형 공기업으로 지정될 당시 감사가 있는 경우에는 그 감사의 임기가 종료된 후에 설치한다.

③ 준시장형 공기업은 다른 법률의 규정에 따라 감사위원회를 설치할 수 있다.

④ 감사위원회의 구성 및 권한 등에 관해서는 '자본시장과 금융투자업에 관한 법률' 제26조(감사위원회의 설치)의 규정을 준용한다. [개정 2007. 8. 3. 제8635호(자본시장과 금융투자업에 관한 법률)][시행일 2009. 2. 4.]

⑤ 감사위원회는 제32조 제5항의 규정에 따라 업무와 회계에 대한 감사를 실시하고, 그 결과를 이사회에 보고하여야 한다.

제21조(선임비상임이사)

① 공기업·준정부기관에 선임비상임이사 1인을 둔다.

② 선임비상임이사는 비상임이사 중에서 호선(互選)한다. 다만, 시장형 공기업의 선임비상임이사는 비상임이사 중에서 기획재정부장관이 운영위원회의 심의·의결을 거쳐 임명한다. [개정 2008. 2. 29. 제8852호(정부조직법)]

③ 선임비상임이사의 자격과 직무수행 등에 관하여 필요한 사항은 대통령령으로 정한다.

제22조(해임 요청 등)

① 이사회는 기관장이 법령이나 정관을 위반하는 행위를 하거나 그 직무를 게을리 하는 등 기관장으로서의 직무수행에 현저한 지장이 있다고 판단되는 경우 이사회의 의결을 거쳐 주무기관의 장에게 그 기관장을 해임하거나 해임을 건의하도록 요청할 수 있다.

② 비상임이사는 필요하다고 인정하는 경우에는 비상임이사 2인 이상의 연서로 공기업·준정부기관의 운영과 관련하여 감사(감사)나 감사위

원회에 특정 사안에 대한 감사(감사)를 요청할 수 있다. 이 경우 감사
나 감사위원회는 특별한 사정이 없는 한 이에 응하여야 한다.

③ 비상임이사는 기관장에게 이사로서의 업무수행에 필요한 자료를 요구
할 수 있다. 이 경우 기관장은 특별한 사정이 없는 한 이에 응하여야
한다.

제23조(기금운용심의회)

① 기금관리형 준정부기관은 '국가재정법' 제74조(기금운용심의회) 제1항
단서의 규정에 불구하고 그 준정부기관의 이사회와 분리된 기금운용
에 관한 심의기구(이하 '기금운용심의회'라 한다.)를 설치하여야 한다.
다만, 다른 법령에서 기금관리형 준정부기관에서 운용하는 기금에 대
한 중요정책을 심의하기 위한 기구를 주무기관에 설치하도록 되어 있
는 경우에는 그 기금관리형 준정부기관에 기금운용심의회를 설치하지
아니한다.

② 제1항 본문의 규정에 따른 기금운용심의회의 기능·구성 및 운영에
관한 사항은 '국가재정법'이 정하는 바에 따른다.

③ 기금관리형 준정부기관이 제1항의 규정에 따라 기금운용심의회를 설
치하고, 다른 법령에서 제17조 제1항 각 호의 사항 중 일부를 기금운
용심의회의 심의·의결사항으로 정하는 경우에는 그 사항을 제17조
제1항의 규정에 따른 심의·의결사항에서 제외할 수 있다.

제3절 임원

제24조(임원)

① 공기업·준정부기관에 임원으로 기관장을 포함한 이사와 감사를 둔
다. 다만, 제20조 제2항 및 제3항의 규정에 따라 감사위원회를 두는
경우에는 감사를 두지 아니한다.

② 이사는 상임 및 비상임으로 구분한다.

③ 상임이사의 정수는 기관장을 포함한 이사 정수의 2분의 1 미만으로

한다. 다만, 제6조의 규정에 따라 공기업·준정부기관으로 지정될 당
시 상임이사의 정수가 기관장을 포함한 이사 정수의 2분의 1 이상인
경우 제28조 제1항 단서의 규정에 따라 임원의 임기가 보장되는 동
안에는 상임이사의 정수는 기관장을 포함한 이사 정수의 2분의 1 이
상으로 할 수 있다.

제25조(공기업 임원의 임면)

① 공기업의 장은 제29조의 규정에 따른 임원추천위원회(이하 '임원추천
위원회'라 한다.)가 복수로 추천하여 운영위원회의 심의·의결을 거친
사람 중에서 주무기관의 장의 제청으로 대통령이 임명한다. 다만, 기
관 규모가 대통령령이 정하는 기준 이하인 공기업의 장은 임원추천위
원회가 복수로 추천하여 운영위원회의 심의·의결을 거친 사람 중에
서 주무기관의 장이 임명한다.

② 공기업의 상임이사는 임원추천위원회가 복수로 추천한 사람 중에서
공기업의 장이 임명한다.

③ 공기업의 비상임이사는 임원추천위원회가 복수로 추천하는 경영에 관
한 학식과 경험이 풍부한 사람(국·공립학교의 교원이 아닌 공무원을
제외한다.) 중에서 운영위원회의 심의·의결을 거쳐 기획재정부장관이
임명한다. 이 경우 제6조의 규정에 따른 지정 당시 비상임이사가 없
는 공기업은 지정 후 3월 이내에 비상임이사 2인 이상을 선임하여야
한다. [개정 2008. 2. 29. 제8852호(정부조직법)]

④ 공기업의 감사는 임원추천위원회가 복수로 추천하여 운영위원회의 심
의·의결을 거친 사람 중에서 기획재정부장관의 제청으로 대통령이
임명한다. 다만, 기관 규모가 대통령령이 정하는 기준 이하인 공기업
의 감사는 임원추천위원회가 복수로 추천하여 운영위원회의 심의·의
결을 거친 사람 중에서 기획재정부장관이 임명한다. [개정 2008. 2.
29. 제8852호(정부조직법)]

⑤ 공기업의 장은 제22조 제1항·제35조 제3항 및 제48조 제7항에 따라

그 임명권자가 해임하거나 정관으로 정한 사유가 있는 경우를 제외하
고는 임기 중 해임되지 아니한다. [개정 2008. 12. 31.][시행일 2009.
4. 1.]

제26조(준정부기관 임원의 임면)

① 준정부기관의 장은 임원추천위원회가 복수로 추천한 사람 중에서 주
무기관의 장이 임명한다. 다만, 기관 규모가 대통령령이 정하는 기준
이상이거나 업무내용의 특수성을 감안하여 대통령령이 정하는 준정부
기관의 장은 임원추천위원회가 복수로 추천한 사람 중에서 주무기관
의 장의 제청으로 대통령이 임명한다.

② 준정부기관의 상임이사는 임원추천위원회가 복수로 추천한 사람 중에
서 준정부기관의 장의 제청으로 주무기관의 장이 임명한다. 다만, 다
른 법령에서 상임이사에 대한 별도의 추천위원회를 두도록 규정하는
경우 등에는 상임이사의 추천에 관해서는 그 법령에 따른다.

③ 준정부기관의 비상임이사(다른 법령이나 준정부기관의 정관에 따라
당연히 비상임이사로 선임되는 사람을 제외한다.)는 임원추천위원회
가 복수로 추천하여 운영위원회의 심의·의결을 거친 사람 중에서
주무기관의 장이 임명한다. 다만, 다른 법령에서 준정부기관의 비상
임이사에 대하여 별도의 추천 절차를 규정하고 있는 경우에는 그 추
천 절차에 따른다.

④ 준정부기관이 감사는 임원추천위원회가 복수로 추천하여 운영위원회
의 심의·의결을 거친 사람 중에서 기획재정부장관이 임명한다. 다만,
기관 규모가 대통령령이 정하는 기준 이상이거나 업무내용의 특수성
을 감안하여 대통령령으로 정하는 준정부기관의 감사는 임원추천위원
회가 복수로 추천하여 운영위원회의 심의·의결을 거친 사람 중에서
기획재정부장관의 제청으로 대통령이 임명한다. [개정 2008. 2. 29.
제8852호(정부조직법)]

⑤ 제25조 제5항의 규정은 준정부기관의 장에 관하여 이를 준용한다. 이

경우 '공기업의 장'은 '준정부기관의 장'으로 본다.

제27조(사원총회가 있는 공기업·준정부기관의 임원 선임에 관한 특례)
주주총회나 출자자총회 등 사원총회가 있는 공기업·준정부기관의 경우 다른 법령에서 임원의 선임과 관련하여 사원총회의 의결을 거치도록 한 경우에는 이를 거쳐야 한다.

제28조(임기)
① 제25조 및 제26조의 규정에 따라 임명된 기관장의 임기는 3년으로 하고, 이사와 감사의 임기는 2년으로 한다. 다만, 제6조의 규정에 따라 공기업·준정부기관으로 지정될 당시 재직 중인 임원은 제25조 및 제26조의 규정에 따라 임명된 것으로 보되, 그 임기는 임기 개시 당시 법령 등에 따른다.
② 공기업·준정부기관의 임원은 1년을 단위로 연임될 수 있다. 이 경우 임원의 임명권자는 다음 각 호의 구분에 따른 사항을 고려하여 임원의 연임 여부를 결정한다.
1. 기관장: 제48조의 규정에 따른 경영실적 평가 결과
2. 상임이사: 제31조 제6항의 규정에 따라 체결된 성과계약 이행실적의 평가 결과와 그 밖의 직무수행실적
3. 비상임이사 및 감사: 제36조의 규정에 따른 직무수행실적의 평가 결과와 그 밖의 직무수행실적
③ 제2항의 규정에 따라 공기업·준정부기관의 임원이 연임되는 경우에는 임원추천위원회의 추천을 거치지 아니한다.
④ 제2항의 규정에 따라 기관장이 연임되는 경우에는 제31조 제3항의 규정에 따라 계약을 다시 체결하여야 한다. 이 경우 제31조 제2항의 규정에 따른 임원추천위원회의 협의를 거치지 아니한다.
⑤ 임기가 만료된 임원은 후임자가 임명될 때까지 직무를 수행한다.

제29조(임원추천위원회)

① 공기업·준정부기관의 임원 후보자를 추천하고, 제31조 제2항의 규정에 따른 기관장 후보자와의 계약안에 관한 사항의 협의 등을 수행하기 위하여 공기업·준정부기관에 임원추천위원회를 둔다.

② 임원추천위원회는 그 공기업·준정부기관의 비상임이사와 이사회가 선임한 위원으로 구성한다.

③ 공기업·준정부기관의 임직원과 공무원은 임원추천위원회의 위원이 될 수 없다. 다만, 그 공기업·준정부기관의 비상임이사, '교육공무원법'에 따른 교원과 그 준정부기관의 주무기관 소속 공무원은 그러하지 아니하다.

④ 이사회가 선임하는 위원의 정수는 임원추천위원회 위원 정수의 2분의 1 미만으로 한다.

⑤ 임원추천위원회의 위원장은 임원추천위원회 위원인 공기업·준정부기관의 비상임이사 중에서 임원추천위원회 위원의 호선으로 선출한다.

⑥ 임원추천위원회 구성 당시 비상임이사가 없는 공기업·준정부기관은 이사회가 선임한 외부위원으로 임원추천위원회를 구성하며, 위원장은 외부위원 중 호선으로 선출한다.

⑦ 임원추천위원회의 구성 및 운영 등에 관하여 필요한 사항은 대통령령으로 정한다.

제30조(임원후보자 추천 기준 등)

① 임원추천위원회는 기업 경영과 그 공기업·준정부기관의 업무에 관한 학식과 경험이 풍부하고, 최고경영자의 능력을 갖춘 사람을 기관장 후보자로 추천하여야 한다.

② 임원추천위원회는 공기업·준정부기관의 이사나 감사로서의 업무 수행에 필요한 학식과 경험이 풍부하고, 능력을 갖춘 사람을 공기업·준정부기관의 기관장이 아닌 이사나 감사 후보자로 추천하여야 한다.

③ 임원추천위원회는 임원후보자를 추천하고자 하는 경우 대통령령이 정

하는 바에 따라 후보자를 공개 모집할 수 있다.

제31조(기관장과의 계약 등)

① 제25조 제1항 및 제26조 제1항의 규정에 따른 기관장의 임명과 관련
하여 이사회는 기관장이 임기 중 달성하여야 할 구체적 경영목표와
성과급 등에 관한 사항이 포함된 계약안을 작성하여 임원추천위원회
에 통보하여야 한다. 이 경우 기관장은 계약안을 정하는 이사회에 참
여할 수 없다.

② 임원추천위원회는 제1항의 규정에 따라 통보받은 계약안에 대하여 기
관장 후보자로 추천하고자 하는 자와 계약 내용과 조건 등을 협의하
고, 그 결과를 주무기관의 장에게 통보하여야 한다. 이 경우 임원추천
위원회는 기관장 후보자와의 협의를 위하여 필요한 때에는 계약안의
내용이나 조건을 일부 변경할 수 있다.

③ 주무기관의 장은 제2항의 규정에 따라 협의된 계약안에 따라 기관장
으로 임명되는 사람과 계약을 체결하되, 공기업의 장과 계약을 체결
하는 경우 미리 기획재정부장관과 협의하여야 한다. 이 경우 주무기
관의 장은 기관장으로 임명되는 사람과 협의를 거쳐 계약의 내용이나
조건을 제1항 및 제2항의 규정에 따른 계약안과 달리 정할 수 있다.
[개정 2008. 2. 29. 제8852호(정부조직법)]

④ 기관장과 주무기관의 장은 제3항의 규정에 따라 계약을 체결한 후 불
가피한 사정이 발생할 때에는 서로 협의하여 계약의 내용이나 조건을
변경할 수 있다. 다만, 주무기관의 장은 공기업의 장과 계약의 내용이
나 조건을 변경하는 경우 미리 기획재정부장관과 협의하여야 한다.
[개정 2008. 2. 29. 제8852호(정부조직법)]

⑤ 주무기관의 장은 제6조의 규정에 따라 지정(변경지정을 제외한다.)된
공기업·준정부기관의 지정 당시 기관장과 지정 후 3개월 이내에 제
3항의 규정에 따른 계약을 체결하여야 한다. 다만, 잔여 임기가 6개
월 미만인 경우에는 제3항의 규정에 따른 계약을 체결하지 아니한다.

⑥ 기관장은 당해 기관의 상임이사와 성과계약을 체결하고, 그 이행실적을 평가할 수 있으며, 이행실적을 평가한 결과 그 실적이 저조한 경우 상임이사를 해임하거나 그 임명권자에게 해임을 건의할 수 있다.

제32조(임원의 직무 등)

① 기관장은 그 공기업·준정부기관을 대표하고 업무를 총괄하며, 임기 중 그 공기업·준정부기관의 경영성과에 대하여 책임을 진다.

② 기관장은 그 공기업·준정부기관의 이익과 자신의 이익이 상반되는 사항에 대해서는 공기업·준정부기관을 대표하지 못한다. 이 경우 감사가 공기업·준정부기관을 대표한다.

③ 기관장이 부득이한 사유로 그 직무를 수행할 수 없을 때에는 정관에서 정하는 바에 따라 상임이사 중 1인이 그 직무를 대행하고, 상임이사가 없거나 그 직무를 대행할 수 없을 때에는 정관이 정하는 임원이 그 직무를 대행한다.

④ 이사는 이사회에 부쳐진 안건을 심의하고, 의결에 참여한다.

⑤ 감사는 기획재정부장관이 정하는 감사기준에 따라 공기업·준정부기관의 업무와 회계를 감사하고, 그 의견을 이사회에 제출한다. 이 경우 감사원은 기획재정부장관에게 감사기준에 관하여 의견을 제시할 수 있다. [개정 2008. 2. 29. 제8852호(정부조직법)]

⑥ 기관장은 감사의 임무수행에 필요한 직원의 채용과 배치 등에 관하여 필요한 지원을 하여야 한다.

제33조(임원의 보수기준)

① 공기업·준정부기관의 임원의 보수기준은 다음 각 호의 사항을 고려하여 기획재정부장관이 운영위원회의 심의·의결을 거쳐 정하는 보수지침에 따라 이사회에서 정한다. [개정 2008. 12. 31.][시행일 2009. 4. 1.]

1. 기관장: 공기업·준정부기관의 경영성과와 제31조 제3항 및 제4항의 규정에 따른 계약의 내용과 이행 수준

2. 상임이사: 제31조 제6항의 규정에 따른 성과계약 이행실적 평가 결과

3. 상임인 감사: 제36조의 규정에 따른 직무수행실적 평가 결과

② 제1항의 규정에 따른 임원의 보수기준을 정하는 이사회에는 이해관계
   가 있는 임원은 참여할 수 없다.

③ 제1항의 규정에 불구하고 제6조의 규정에 따라 공기업·준정부기관으
   로 지정(변경지정을 제외한다.)된 해의 임원의 보수는 지정 당시 법령
   등에 따른다.

제34조(결격사유)

① 다음 각 호의 어느 하나에 해당하는 사람은 공기업·준정부기관의 임
   원이 될 수 없다. [개정 2008. 12. 31.][시행일 2009. 4. 1.]

1. '국가공무원법' 제33조(결격사유) 각 호의 어느 하나에 해당하는 사람

2. 제22조 제1항, 제31조 제6항, 제35조 제2항·제3항, 제36조 제2항 및
   제48조 제4항·제7항에 따라 해임된 날부터 3년이 지나지 아니한 사람

② 임원이 제1항 각 호의 어느 하나에 해당하게 되거나 임명 당시 그에
   해당한 자로 밝혀졌을 때에는 당연히 퇴직한다.

③ 제2항의 규정에 따라 퇴직한 임원이 퇴직 전에 관여한 행위는 그 효
   력을 잃지 아니한다.

제35조(이사와 감사의 책임 등)

① '상법' 제382조의 3(이사의 충실의무), 제382조의 4(이사의 비밀유지
   의무), 제399조(회사에 대한 책임), 제400조(회사에 대한 책임의 면제)
   및 제401조(제3자에 대한 책임)의 규정은 공기업·준정부기관의 이사
   에 관하여 각각 이를 준용하고, '상법' 제414조(감사의 책임) 및 제
   415조(준용규정)의 규정 중 회사에 대한 책임의 면제에 관한 사항은
   공기업·준정부기관의 감사(감사위원회의 감사위원을 포함한다. 이하
   이 조에서 같다.)에 관하여 이를 준용한다.

② 기획재정부장관은 비상임이사 및 감사가 제1항의 규정에 따른 의무와
   책임 및 제32조의 규정에 따른 직무를 이행하지 아니하거나 이를 게
   을리 한 경우 운영위원회의 심의·의결을 거쳐 비상임이사 및 감사를

해임하거나 그 임명권자에게 해임을 건의할 수 있고, 그 공기업·준
정부기관으로 하여금 손해배상을 청구하도록 요구할 수 있다. [개정
2008. 2. 29. 제8852호(정부조직법)]

③ 주무기관의 장은 기관장 및 상임이사가 제1항의 규정에 따른 의무와
책임 및 제32조의 규정에 따른 직무를 이행하지 아니하거나 이를 게
을리 한 경우 기관장 및 상임이사를 해임하거나 그 임명권자에게 해
임을 건의·요구할 수 있고, 그 공기업·준정부기관으로 하여금 손해
배상을 청구하도록 요구할 수 있다.

제36조(비상임이사와 감사에 대한 직무수행실적 평가)

① 기획재정부장관은 필요하다고 인정하는 경우에는 공기업·준정부기관
의 비상임이사와 감사나 감사위원회 감사위원의 직무수행실적을 평가
할 수 있다. [개정 2008. 2. 29. 제8852호(정부조직법)]

② 기획재정부장관은 제1항의 규정에 따른 직무수행실적 평가 결과 그
실적이 저조한 비상임이사와 감사 또는 감사위원회 감사위원에 대하
여 운영위원회의 심의·의결을 거쳐 해임하거나 그 임명권자에게 해
임을 건의할 수 있다. [개정 2008. 2. 29. 제8852호(정부조직법)]

③ 제1항의 규정에 따른 직무수행실적의 평가기준과 방법은 운영위원회
의 심의·의결을 거쳐 기획재정부장관이 정한다. [개정 2008. 2. 29.
제8852호(정부조직법)]

제37조(임직원의 겸직제한)

① 공기업·준정부기관의 상임임원과 직원은 그 직무 외의 영리를 목적
으로 하는 업무에 종사하지 못한다.

② 공기업·준정부기관의 상임임원이 그 임명권자나 제청권자의 허가를
받은 경우와 공기업·준정부기관의 직원이 기관장의 허가를 받은 경
우 비영리 목적의 업무를 겸할 수 있다.

③ 제1항의 규정에 따른 영리를 목적으로 하는 업무의 범위는 대통령령
으로 정한다.

제4절 예산회계

제38조(회계연도)

공기업·준정부기관의 회계연도는 정부의 회계연도에 따른다.

제39조(회계원칙 등)

① 공기업·준정부기관의 회계는 경영성과와 재산의 증감 및 변동 상태를 명백히 표시하기 위하여 그 발생 사실에 따라 처리한다.

② 공기업·준정부기관은 공정한 경쟁이나 계약의 적정한 이행을 해칠 것이 명백하다고 판단되는 사람·법인 또는 단체 등에 대하여 2년의 범위 내에서 일정기간 입찰참가자격을 제한할 수 있다.

③ 제1항과 제2항의 규정에 따른 회계처리의 원칙과 입찰참가자격의 제한기준 등에 관하여 필요한 사항은 기획재정부령으로 정한다. [개정 2008. 2. 29. 제8852호(정부조직법)]

제40조(예산의 편성)

① 공기업·준정부기관의 예산은 예산총칙·추정손익계산서·추정대차대조표와 자금계획서로 구분하여 편성한다.

② 기관장은 제46조의 규정에 따른 경영목표와 제50조의 규정에 따른 경영지침에 따라 다음 회계연도의 예산안을 편성하고, 다음 회계연도 개시 전까지 그 공기업·준정부기관의 이사회에 제출하여야 한다.

③ 제2항의 규정에 따라 편성·제출한 예산안은 이사회의 의결로 확정된다. 다만, 다른 법률에서 공기업·준정부기관의 예산에 관하여 주주총회나 출자자총회 등 사원총회의 의결이나 제23조의 규정에 따른 기금운용심의회의 의결 등 별도의 절차를 거치도록 한 경우에는 이사회 의결 후 이를 거쳐 확정하고, 준정부기관의 예산에 관하여 주무기관의 장의 승인을 거쳐 확정하도록 한 경우에는 이사회 의결을 거친 후 주무기관의 장의 승인을 얻어야 한다.

④ 제6조의 규정에 따라 공기업·준정부기관으로 지정될 당시 이미 확정

되어 있는 예산은 제1항 내지 제3항의 규정에 따라 편성되어 확정된 것으로 본다.

⑤ 기관장은 공기업·준정부기관의 예산이 확정된 후 그 공기업·준정부 기관의 경영목표가 변경되거나 그 밖의 불가피한 사유로 인하여 예산을 변경하고자 하는 경우에는 변경된 예산안을 작성하여 이사회에 제출하여야 한다. 이 경우 제3항의 규정은 변경된 예산안의 확정에 관하여 이를 준용한다.

⑥ 공기업·준정부기관은 제3항 내지 제5항의 규정에 따라 예산이 확정되거나 변경된 경우 지체 없이 기획재정부장관, 주무기관의 장 및 감사원장에게 그 내용을 보고하여야 한다. 다만, 제3항 단서의 규정에 따라 주무기관의 장의 승인을 얻은 경우에는 주무기관의 장에게 보고된 것으로 본다. [개정 2008. 2. 29. 제8852호(정부조직법)]

제41조(준예산)

① 공기업·준정부기관은 천재지변 그 밖의 부득이한 사유로 회계연도 개시 전까지 그 공기업·준정부기관의 예산이 확정되지 아니한 경우에는 전 회계연도의 예산에 준하여 예산(이하 이 조에서 '준예산'이라 한다.)을 편성하여 운용할 수 있다.

② 준예산은 그 회계연도의 예산이 확정된 경우에는 그 효력을 잃는다. 이 경우 준예산에 따라 집행된 예산은 이를 그 회계연도의 예산에 따라 집행된 것으로 본다.

제42조(운영계획의 수립)

① 공기업·준정부기관은 제40조 제3항 및 제4항의 규정에 따라 예산이 확정되는 경우 지체 없이 이사회의 의결을 거쳐 그 회계연도의 예산에 따른 운영계획을 수립하여야 한다. 다만, 제6조의 규정에 따라 공기업·준정부기관으로 지정될 당시 수립되어 있는 운영계획은 이 법에 따라 수립된 것으로 본다.

② 공기업·준정부기관이 제40조 제5항의 규정에 따라 확정된 예산을 변

경한 경우에는 지체 없이 이사회의 의결을 거쳐 제1항의 규정에 따라
수립된 운영계획을 변경하여야 한다.

③ 공기업·준정부기관은 제1항 및 제2항의 규정에 따라 수립한 그 회계
연도의 운영계획을 기획재정부장관(공기업의 경우에 한한다.)과 주무
기관의 장에게 제40조 제3항 내지 제5항의 규정에 따라 예산이 확정
된 후 2월 이내에 제출하여야 한다. [개정 2008. 2. 29. 제8852호(정
부조직법)]

제43조(결산서의 제출)

① 공기업·준정부기관은 회계연도가 종료된 때에는 지체 없이 그 회계
연도의 결산서를 작성하고, 감사원규칙이 정하는 바에 따라 공인회계
사나 '공인회계사법' 제23조(설립)의 규정에 따라 설립된 회계법인(이
하 '회계법인'이라 한다.)을 선정하여 회계감사를 받아야 한다.

② 공기업은 기획재정부장관에게, 준정부기관은 주무기관의 장에게 매
회계연도 종료 후 2개월 이내에 제1항의 규정에 따른 결산서에 다음
각 호의 서류를 첨부하여 각각 제출하고, 그 승인을 얻어 결산을 확
정하여야 한다. 다만, 주주총회나 출자자총회 등 사원총회가 있는 공
기업·준정부기관의 경우에는 사원총회에서 결산을 의결·확정한다.
[개정 2008. 2. 29. 제8852호(정부조직법)]

1. 재무제표(공인회계사나 회계법인의 감사의견서를 포함한다.)와 그 부속
서류

2. 그 밖에 결산의 내용을 명확하게 하기 위하여 필요한 서류

③ 기획재정부장관과 주무기관의 장은 매년 6월 30일까지 제2항의 규정
에 따라 확정된 공기업·준정부기관의 결산 내용을 기재한 결산서 등을
감사원에 제출하여야 한다. [개정 2008. 2. 29. 제8852호(정부조직법)]

④ 제3항의 규정에 따라 결산서 등을 제출받은 감사원은 그 공기업·준
정부기관 중 '감사원법' 제22조(필요적 검사사항) 제1항 제3호의 규정
에 따른 법인과 그 밖에 감사원규칙으로 정하는 공기업·준정부기관

의 결산서 등을 검사하고, 그 결과를 9월 30일까지 기획재정부장관에게 제출하여야 한다. [개정 2008. 2. 29. 제8852호(정부조직법)]

⑤ 제1항의 규정에 따라 회계감사를 실시할 수 있는 공인회계사와 회계법인의 선정 기준 및 회계감사의 절차, 제4항의 규정에 따른 감사원의 결산감사에 관하여 필요한 사항은 감사원규칙으로 정한다.

⑥ 기획재정부장관은 제2항의 규정에 따른 결산서 등에 제4항의 규정에 따른 감사원의 검사결과를 첨부하여 이를 국무회의에 보고하고, 국회에 제출하여야 한다. [개정 2008. 2. 29. 제8852호(정부조직법)]

⑦ 제1항 내지 제6항의 규정에 불구하고 제6조의 규정에 따라 공기업·준정부기관으로 지정된 해에 실시하는 결산에 관해서는 지정 당시 법령에 따른다.

제44조(물품구매와 공사계약의 위탁)

공기업·준정부기관은 필요하다고 인정하는 때에는 수요물자 구매나 시설공사계약의 체결을 조달청장에게 위탁할 수 있다.

제45조(출자의 방법)

정부가 공기업·준정부기관의 자본금을 출자하는 경우에는 기획재정부장관이 그 납입시기와 방법을 정하여 이를 시행한다. [개정 2008. 2. 29. 제8852호(정부조직법)]

제5절 경영평가와 감독

제46조(경영목표의 수립)

① 기관장은 사업내용과 경영환경, 제31조 제3항 및 제4항의 규정에 따라 체결한 계약의 내용 등을 고려하여 다음 연도를 포함한 3회계연도 이상의 중장기 경영목표를 설정하고, 이사회의 의결을 거쳐 확정한 후 매년 10월 31일까지 기획재정부장관과 주무기관의 장에게 제출하여야 한다. [개정 2008. 2. 29. 제8852호(정부조직법)]

② 기관장은 제1항의 규정에 불구하고 제6조의 규정에 따라 공기업·준정
부기관으로 지정(변경지정을 제외한다.)된 해에는 지정 후 3개월 이내
에 당해 연도를 포함한 3회계연도 이상의 중장기 경영목표를 설정하고,
이사회의 의결을 거쳐 확정한 후 이를 기획재정부장관과 주무기관의
장에게 제출하여야 한다. [개정 2008. 2. 29. 제8852호(정부조직법)]

③ 공기업·준정부기관의 장이 제1항 및 제2항의 규정에 따라 수립된 경
영목표를 변경하는 경우에는 그 변경 내용을 이사회 의결을 거쳐 확
정한 후 지체 없이 기획재정부장관과 주무기관의 장에게 제출하여야
한다. [개정 2008. 2. 29. 제8852호(정부조직법)]

④ 공기업·준정부기관의 경영환경·경제여건 및 국가정책방향 등을 고
려하여 기획재정부장관은 공기업의 장에게, 주무기관의 장은 준정부
기관의 장에게 각각 경영목표의 변경을 요구할 수 있다. [개정 2008.
2. 29. 제8852호(정부조직법)]

제47조(경영실적 등의 보고)
① 공기업·준정부기관은 매년 3월 20일까지 전년도의 경영실적을 기재
한 보고서(이하 '경영실적보고서'라 한다.)와 제31조 제3항 및 제4항
의 규정에 따라 기관장이 체결한 계약의 이행에 관한 보고서를 작성
하여 기획재정부장관과 주무기관의 장에게 제출하여야 한다. [개정
2008. 2. 29. 제8852호(정부조직법)]

② 제1항의 규정은 제6조의 규정에 따라 공기업·준정부기관으로 지정
(변경지정을 제외한다.)된 해에는 적용하지 아니한다.

③ 경영실적보고서에는 제43조 제1항의 규정에 따라 작성한 결산서와 동
조 제2항 각 호의 서류를 첨부하여야 한다.

제48조(경영실적 평가)
① 기획재정부장관은 제31조 제3항 및 제4항의 규정에 따른 계약의 이행
에 관한 보고서, 제46조의 규정에 따른 경영목표와 경영실적보고서를
기초로 하여 공기업·준정부기관의 경영실적을 평가한다. 다만, 제6조

의 규정에 따라 공기업·준정부기관으로 지정(변경지정을 제외한다.)
된 해에는 경영실적을 평가하지 아니한다. [개정 2008. 2. 29. 제8852
호(정부조직법)]

② 기획재정부장관은 제1항 본문의 규정에 따라 공기업·준정부기관의
경영실적을 평가하는 경우 ‘국가재정법’ 제82조(기금운용의 평가)의
규정에 따라 기금운용평가를 받는 기관과 ‘과학기술기본법’ 제32조
(정부출연연구기관 등의 육성) 제2항의 규정에 따라 평가를 받는 기
관에 대해서는 그 평가 결과를 활용한다. [개정 2008. 2. 29. 제8852
호(정부조직법)]

③ 기획재정부장관은 제1항에 따른 경영실적의 평가를 위하여 필요한 경
우 공기업·준정부기관에 관련 자료의 제출을 요청할 수 있다. [개정
2008. 2. 29. 제8852호(정부조직법), 2008. 12. 31.][시행일 2009. 4. 1.]

④ 공기업·준정부기관이 제31조 제3항 및 제4항에 따른 계약의 이행에
관한 보고서, 경영실적보고서 및 그 첨부서류를 제출하지 아니하거나
거짓으로 작성·제출한 경우에는 기획재정부장관은 운영위원회의 심
의·의결을 거쳐 경영실적 평가 결과와 성과급을 수정하고, 해당 기
관에 대하여 주의·경고 등의 조치를 취하거나 주무기관의 장 또는
기관장에게 관련자에 대한 인사상의 조치 등을 취하도록 요청하여야
한다. 이 경우 기획재정부장관은 감사 또는 감사위원회 감사위원이
관련 직무를 이행하지 아니하거나 게을리 하였다면 운영위원회의 심
의·의결을 거쳐 해당 감사 또는 감사위원회 감사위원을 해임하거나
그 임명권자에게 해임을 건의할 수 있다. [신설 2008. 12. 31.][시행
일 2009. 4. 1.]

⑤ 제1항의 규정에 따른 경영실적의 평가기준과 방법은 운영위원회의 심
의·의결을 거쳐 기획재정부장관이 정하되, 공기업·준정부기관의 사
업내용, 특성, 경영목표의 달성 정도와 능률성을 객관적으로 측정할
수 있도록 정하여야 한다. [개정 2008. 2. 29. 제8852호(정부조직법)]

⑥ 기획재정부장관은 운영위원회의 심의·의결을 거쳐 매년 6월 20일까

지 공기업·준정부기관의 경영실적 평가를 마치고, 그 결과를 국회와 대통령에게 보고한다. [개정 2008. 2. 29. 제8852호(정부조직법)]

⑦ 기획재정부장관은 제6항에 따른 경영실적 평가 결과 경영실적이 부진한 공기업·준정부기관에 대하여 운영위원회의 심의·의결을 거쳐 제25조 및 제26조의 규정에 따른 기관장·상임이사의 임명권자에게 그 해임을 건의하거나 요구할 수 있다. [개정 2008. 2. 29. 제8852호(정부조직법), 2008. 12. 31.][시행일 2009. 4. 1.]

⑧ 기획재정부장관은 제1항에 따른 경영실적 평가 결과 인건비 과다편성 및 제50조 제1항에 따른 경영지침 위반으로 경영부실을 초래한 공기업·준정부기관에 대해서는 운영위원회의 심의·의결을 거쳐 향후 경영책임성 확보 및 경영개선을 위하여 필요한 인사상 또는 예산상의 조치 등을 취하도록 요청할 수 있다. [신설 2008. 12. 31.][시행일 2009. 4. 1.]

⑨ 제1항의 규정에 따른 경영실적 평가의 절차, 경영실적 평가 결과에 따른 조치 등에 관하여 필요한 사항은 대통령령으로 정한다.

제49조(연차보고서의 작성)

기획재정부장관은 매년 경영실적보고서와 제48조의 규정에 따른 경영실적 평가 결과를 기초로 하여 공기업·준정부기관의 경영상황 등에 관한 연차보고서를 작성하고, 이를 공표할 수 있다. [개정 2008. 2. 29. 제8852호(정부조직법)]

제50조(경영지침)

① 기획재정부장관은 공기업·준정부기관의 운영에 관한 일상적 사항과 관련하여 운영위원회의 심의·의결을 거쳐 다음 각 호의 사항에 관한 지침(이하 '경영지침'이라 한다.)을 정하고, 이를 공기업·준정부기관 및 주무기관의 장에게 통보하여야 한다. [개정 2008. 2. 29. 제8852호(정부조직법)]

1. 조직 운영과 정원·인사 관리에 관한 사항

2. 예산과 자금 운영에 관한 사항

3. 그 밖에 공기업·준정부기관의 재무건전성 확보를 위하여 기획재정부
장관이 필요하다고 인정하는 사항

② 공기업·준정부기관의 투명하고 공정한 인사운영과 윤리경영 등을 위
하여 필요한 경우 소관 정책을 관장하는 관계 행정기관의 장은 제1항
의 규정에 따른 경영지침에 관한 의견을 기획재정부장관에게 제시할
수 있다. [개정 2008. 2. 29. 제8852호(정부조직법)]

제51조(공기업·준정부기관에 대한 감독)

① 기획재정부장관과 주무기관의 장은 공기업·준정부기관의 자율적 운
영이 침해되지 아니하도록 이 법이나 다른 법령에서 그 내용과 범위
를 구체적으로 명시한 경우에 한하여 감독한다. [개정 2008. 2. 29.
제8852호(정부조직법)]

② 기획재정부장관은 공기업의 경영지침 이행에 관한 사항을 감독한다.
[개정 2008. 2. 29. 제8852호(정부조직법)]

③ 주무기관의 장은 다음 각 호의 사항에 대하여 공기업·준정부기관을
감독한다.

1. 법령에 따라 주무기관의 장이 공기업·준정부기관에 위탁한 사업이나
소관 업무와 직접 관련되는 사업의 적정한 수행에 관한 사항과 그 밖
에 관계 법령에서 정하는 사항

2. 준정부기관의 경영지침 이행에 관한 사항

④ 기획재정부장관과 주무기관의 장은 제2항 및 제3항의 규정에 따라 행
하는 감독의 적정성 여부를 대통령령이 정하는 바에 따라 점검하고,
운영위원회의 심의·의결을 거쳐 개선에 필요한 조치를 취하여야 한
다. [개정 2008. 2. 29. 제8852호(정부조직법)]

제52조(감사원 감사)

① 감사원은 '감사원법'에 따라 공기업·준정부기관의 업무와 회계에 관
하여 감사를 실시할 수 있다.

② 감사원은 제1항의 규정에 따른 감사를 관계 행정기관의 장 등에게 위탁하거나 대행하게 할 수 있다.

③ 제2항의 규정에 따라 공기업·준정부기관에 대한 감사원 감사를 위탁하거나 대행하게 할 수 있는 관계 행정기관의 장 등의 범위와 감사 결과의 보고와 처리 등에 관하여 필요한 사항은 감사원규칙으로 정한다.

제52조의 2(감사결과 등의 국회 제출)

① 공기업·준정부기관은 다음 각 호에 해당하는 사항을 국회 소관 상임위원회에 지체 없이 제출하여야 한다.

1. 감사나 감사위원회가 실시한 감사결과를 종합한 감사보고서

2. 제52조에 따라 감사원이 실시한 감사에서 지적된 사항과 처분요구사항 및 그에 대한 조치 계획

② 기획재정부장관은 제36조 제1항에 따라 실시한 감사나 감사위원회 감사위원의 직무수행실적 평가 결과를 국회에 지체 없이 제출하여야 한다.

[본 조 신설 2008. 12. 31.][시행일 2009. 4. 1.]

제5장 보칙

제53조(벌칙 적용에서의 공무원 의제)

공기업·준정부기관의 임직원, 운영위원회의 위원과 임원추천위원회의 위원으로서 공무원이 아닌 사람은 '형법' 제129조(수뢰, 사전수뢰) 내지 제132조(알선수뢰)의 적용에 있어서는 이를 공무원으로 본다.

제54조(소수주주권의 행사 등)

'증권거래법' 제191조의 13(소수주주권의 행사) 및 제191조의 14(주주제안)의 규정은 주식이 유가증권시장에 상장되지 아니한 공기업·준정부기관에 대한 소수주주권의 행사와 주주제안에 관하여 이를 준용한다.

제1조(시행일) 이 법은 2007년 4월 1일부터 시행한다. 다만, 제9조의 규정에 따른 운영위원회의 구성과 이 법 시행 후 최초로 이 법의 적용을 받을 공기업·준정부기관과 기타 공공기관의 지정에 필요한 행위는 이 법 시행 전에 할 수 있다.

제2조(다른 법률의 폐지) 다음 각 호의 법률은 이를 각각 폐지한다.

1. '정부투자기관 관리기본법'

2. '정부산하기관 관리기본법'

제3조(공공기관 등의 최초 지정 및 구분) ① 기획예산처장관은 이 법 시행과 동시에 주무기관의 장과의 협의와 운영위원회의 심의·의결을 거쳐 이 법의 적용을 받는 공기업·준정부기관 및 기타 공공기관을 지정하여 고시한다.

② 기획예산처장관은 제1항의 규정에 따라 공기업·준정부기관을 최초로 지정하여 고시하는 경우에는 이 법 시행 당시 '정부투자기관 관리기본법', '정부산하기관 관리기본법' 및 '공기업의 경영구조개선 및 민영화에 관한 법률'의 적용 대상 기관 중 직원 정원이 50인 이상인 기관 중에서 지정하여 고시한다.

제4조(경과조치) ① 제9조 제2항의 규정에 불구하고 운영위원회의 위원 중 제9조 제1항 제4호의 규정에 따라 최초로 위촉되는 위원의 임기는 3년·2년·1년으로 각각 달리 정할 수 있다.

② 제31조 제5항의 규정에 불구하고 이 법 시행 후 최초로 지정되는 공기업 또는 준정부기관의 기관장이 임명 당시 임명과 관련하여 체결한 경영 및 성과에 관한 계약은 이 법에 따라 주무기관의 장과 기관장이 체결한 계약으로 본다.

③ 제46조 제2항의 규정에 불구하고 이 법 시행 후 최초로 지정되는 공기업 또는 준정부기관이 이 법 시행 당시 설정한 경영목표는 이 법에 따라 설정된 것으로 본다.

④ 제48조 제1항 단서의 규정에 불구하고 이 법 시행 후 최초로 지정되

는 공기업·준정부기관의 경영실적 보고 및 경영실적 평가는 '정부투자기관 관리기본법' 및 '정부산하기관 관리기본법'의 관련 규정을 적용하여 이를 실시한다.

⑤ 이 법 시행 당시 종전의 정부타자기관운영위원회 및 정부산하기관운영위원회가 의결한 사항은 이 법에 따른 운영위원회가 의결한 것으로 본다.

제5조(다른 법령과의 관계) 이 법 시행 당시 다른 법령에서 정부타자기관 또는 정부산하기관을 인용하고 있는 경우에는 2008년 12월 31일까지는 각각 이 법 시행 당시 '정부타자기관 관리기본법' 또는 '정부산하기관 관리기본법'에 따라 정부투자기관 또는 정부산하기관으로 확정된 기관을 인용한 것으로 본다.

참고문헌

신무섭(2001), 『재무행정학』, 대영문화사.
심병구(1993), 『예산관리론』, 박영사.
윤영진(2003), 『새재무행정학』, 대영문화사.
이종수 외(2005), 『새행정학』, 대영문화사.
최창호(2004), 『새행정학』, 삼영사.
기획재정부 홈페이지 자료에서 발췌

찾아보기

서상원 ───────────────────────

▌약력

고려대 행정학 박사

(전)국방개혁위원회 연구위원

(전)대구대학 전임연구원

(현)고려대 정부학연구소 선임연구원

(현)(사)남도발전연구원 연구위원

(현)한국물류산학연협회 전임강사

(현)한경대, 백석대, 강남대 등 강사

▌주요논문 및 저서

『조직관리론』, 『오아시스행정학』, 『인사행정』, 『정책론』, 『유통마케팅론』

「공공서비스 공급방식의 전략적 결정사례 분석」

「선진국 행정개혁의 성과평가와 함의」 등

서상원 교수의 행정학 시리즈 ❹ **재무행정**

초판인쇄 | 2009년 4월 30일
초판발행 | 2009년 4월 30일

지은이 | 서상원
펴낸이 | 채종준
펴낸곳 | 한국학술정보㈜
주 소 | 경기도 파주시 교하읍 문발리 513-5 파주출판문화정보산업단지
전 화 | 031) 908-3181(대표)
팩 스 | 031) 908-3189
홈페이지 | http://www.kstudy.com
E-mail | 출판사업부 publish@kstudy.com

등 록 | 제일산-115호(2000. 6. 19)
가 격 23,000원

ISBN 9. (Paper Book)
978-89-534-2410-4 18350 (e-Book)

이담 Books 는 한국학술정보(주)의 지식실용서 브랜드입니다.